Believe It to Achieve It

Overcome Your Doubts, Let Go of the Past, and Unlock your Full Potential

你相信，所以你成功

全球頂尖的成功學大師
教你克服懷疑，重塑人生，釋放潛能

博恩・崔西 Brian Tracy、克莉絲蒂娜・史坦 博士 Christina Stein,Ph.D 著
汪春沂 譯

CONTENTS

目錄

推薦序

透過自我教練，邁向成功之路

睿信管理顧問有限公司總經理暨教練顧問　**黃聖峰**

二十年前我離開外商工作剛進入顧問行業時，博恩．崔西的著作及演說正在市場上引起一陣旋風，許多人奉他為銷售學、成功學、潛能開發的大師。這些年來他的著作經常在書店成為暢銷書，無論是《吃掉那隻青蛙》的時間管理障礙，或是如何從個人成功到帶領團隊成功，都給予讀者許多不少啟發及正向力量。這本《你相信，所以你成功》重新整理他過去有名的成就心理學（Psychology of Achievement）系列著作，搭配心理諮商師克莉絲蒂娜．史坦在書中穿插實際輔導案例，讓這本書閱讀起來，不只能讓人心領神會，更能了解如何將博恩．崔西的法則及步驟應用在實際生活中。

這幾年，許多人跟我一樣扮演教練工作的角色，協助企業領導人或個人覺察並消除可能的內在干擾，同時發揮最大的潛力，達成領導行為、個人生活或職涯發展的最大績效。本書中提到在獲得幸福和成功的路上，最大的絆腳石通常是一些自我設限的負面想法，所以最重要的是如何找出那些阻止你前進的絆腳石，以及如何釋放巨大的能量、熱誠和慾望，並引導它們用在自己選擇的追求上。書中介紹的六大信念法則與正向心理學相關的觀念方法，基本上跟教練工作的許多方法是雷同的。

許多負面情緒的干擾因素與個人性格的神經質調適有關，對於情緒調適能力不高的人，容易被他人的過錯激怒，焦慮或緊張，為過去犯的錯誤懊悔不已，或是經常抱怨一切。有些負面習慣與心態可能無形中從小養成，來自於過往生活中「壓抑的習慣模式」和「強迫的習慣模式」所造成。書中介紹許多例子及方法能改變你的自我意識，分辨自己的負面情緒，在憤怒前練習自我反思，學習如何擺脫羞愧與內疚，以及寬恕自己與別人。當你能夠試著改變想法，透過「撰寫災情報告」的覺察練習，重新建構你的視野，懂得欣賞自己的優點，設定自己的人生目標與意義，便能邁開步伐去達成一小步的成功。

通常「想到」與「做到」是不一樣的，人類最遠的距離是在大腦與雙腳，能否跨出行動把夢想變成現實，永遠是每個人達到成功的障礙。把種種行動中可能遇到的阻礙寫下來，然後想出克服的辦法，必須付出努力、決心和堅持，雖然不保證一定能夠順利達成，但重點在於你願意接受挑戰，願意對所發生的事情負責，在成功克服挑戰之後，便可以往勝利終點邁進一大步。

如果你能妥善運用這本書介紹的法則與步驟，先相信自己會成功，消除所有絆住自己的干擾因素，扭轉自己的思維與改變行動，只要開始行動並堅持不懈，相信你也能夠成為「自我教練」，讓自己成功。如果在過程中仍然遇到絆腳石，不妨找一位專業教練協助你，一起找出阻礙向前邁進的困難！

導讀

我的恩師貴人好朋友，成功策略學大師博恩・崔西

成資國際股份有限公司總經理　黃禎祥

我以前的工作是負責所謂的「世界大師」來亞洲，尤其是台灣的巡迴演講業務。在書上看到的作者如果是名人領袖，其中有很多就是我的客戶和朋友。最有名的應該是美國前總統比爾・柯林頓，還有行銷之神傑・亞布罕，富爸爸集團董事長布萊爾・辛格，暢銷書《有錢人和你想的不一樣》的作者哈福・艾克，還有《一分鐘億萬富翁》作者羅伯特・艾倫等等。我應該也是極少數帶著全家到管理學大師彼得・杜拉克家作客過的台灣人。

可是如果你問我，哪一個世界大師最讓我印象深刻？哪一個大師的課程與著作最容易上手？哪一個的學習效益最好？坦白說，那一定是成功策略學大師博恩・崔

西了！**我一年建立萬人團隊的績效，就是從他而來。**

每一次付了費用給來台灣講課的大師們，通常就是一次性的交情，只有博恩．崔西會在乎我從熟悉的新加坡市場，回到陌生的台北辦活動的挑戰，要怎麼克服？只有博恩．崔西會放棄寶貴的睡眠和我討論不同文化的市場，該如何快速調整節奏。

還在想，好久沒有去美國找他了！還在想，要不要二〇二〇年再邀請他來台北辦演講？很開心他就有新書要在台灣發行。我們真是幸運。

你相信，所以你成功

「如果我可以，你們也能做到。」

本書一開始就要你問自己，你是誰？這個答案不是你的名字，而是確認我們想過自己被創造的目的。書中六個法則都是他實踐後的結論，我們只要相信並且去做它。

感謝時報的慧眼識英雄，我們才有機會拜讀大師近期充滿哲學與心理學的著作。

想想，是誰有魅力讓微軟的比爾・蓋茲、股神巴菲特、戴爾電腦創辦人麥可・戴爾，及二十世紀最偉大的CEO前奇異總裁傑克・威爾許，都坐在台下聽他演講？

是誰曾在全球四分之一的國家舉行演講，擁有超過四百萬名學生？

美國成功策略學大師博恩・崔西做到了。

若以聽講人數來算，他是全球最多人聆聽過的演說家，也是全球超級業務員「膜拜」的對象。他影響所及的財富，可能超過兆元台幣。

這位成功策略學大師二〇〇六年後曾經蒞台演講三次，有兩次是我負責，一次是我陪同的。如果說在台灣有誰最欣賞他的人生經歷與成功策略哲學，那個人一定是我。

博恩・崔西常提醒並鼓勵我們說：「**其實，我的人生道路，並非從一開始就平坦順遂的。如果我做得到，你們一定也可以透過學習我的方法，達到類似的結果。**」

這位讓全球五百大企業折服的「成功策略福音傳教家」，原來是個連高中都沒畢業的中輟生。**前半生的坎坷苦難，是他換取後半生財富和成功的密碼**。他的人生路，就是一場實踐自身學說的成功案例。**你越了解他的背景，越能讀懂書裡面的教導。**

出身貧寒，輟學後四處打工

來自美國聖地牙哥的博恩・崔西，出身窮困，父母雖是好人，但一直沒有固定的工作，在他的成長過程中，常常得面對物資匱乏的窘境。

他常戲謔地說，當時家裡的主題曲就是：「我們買不起！」

由於家境貧困，高中沒畢業就輟學，礙於學識有限，畢業後只能找到一些勞力工作。

他的第一份工作是在一家小旅館裡洗盤子，每天下午四點上班，常常工作到翌日凌晨。雖然工作認真但還是被迫換工作。丟掉洗盤子工作以後，他到一座停車場去洗車，接著又換到清潔管理公司，常常洗地板洗到半夜。當時他心裡忍不住想，「可能我一輩子都會一直在做清洗的工作吧？」

此後幾年，他居無定所，到處打工，到鋸木廠和工地工作，每天連續工作十二個小時，忍受高溫、塵埃和機油等汙穢不堪的工作環境。後來，他甚至連這些勞力工作也找不到，便開始從事直銷工作，甚至挨家挨戶上門推銷保健產品。

觀察成功業務員的經驗

三十歲時，博恩・崔西忍不住質疑：「為什麼我那麼努力，卻還是住在便宜公寓，不能開名車、住豪宅？」

於是他開始思考成功的方法，通過觀察同一家公司的頂尖業務高手，學習他們拜訪客戶的策略以及管理學大師彼得・杜拉克的時間管理的方法去找答案。

不久後他的業績果然倍增，就開始整理更有效率的一套學習系統，很快便賺到數倍的收入；接著影音學習系統更讓他跨國賺到財富。

回首人生路，博恩・崔西說：「當時我得到的答案是，所有成功的經歷都有規律可循。學習成功人士的工作方式，你也可以取得同樣的成就。」他相信命運是可以掌握在自己手中，要怎麼收穫，就先要怎麼栽。「假如你辛勤工作，心志堅定，你就會得到相對的尊重和肯定。當然，堅定的信仰讓我對未來更有信心。」

博恩．崔西的成功哲學，就是他一生經歷的實踐。「無論是演說或寫作內容，我都以自己的故事為藍本，我想要告訴大家：『成功是一步步腳踏實地走出來的。』」以自己的經歷現身說法，是成功哲學的最佳見證，也使他有著一股傳教士般的群眾魅力。

他曾是成功的超級業務員，為很多老闆賺進百萬財富，後來卻選擇轉換人生跑道，成為創業家講師及作家，與大家分享經驗，讓更多人致富。他說：「與其獨善其身，不如與更多人分享真正成功之道。」

影響百萬人的財富磁場

「人生的目標是要實現自身的潛能，並把潛能發揮到淋漓盡致。」在每一場講座會上，座無虛席的觀眾專注聆聽博恩．崔西傳授成功之道，就像一個財富磁場，吸引許多渴望創造成功的人們群聚在一起。這位「成功策略福音傳教家」打動人心的話，彷彿是一個智慧喚醒另一個智慧，開啟聽者頭腦的一塊敲門磚。

博恩．崔西相信，每個人的想法會對身邊的人創造心理能量的磁場。「當你對自己及產品服務有正面而樂觀的評價時，就會散播一種積極的心理能量，接著得到業績領先、受人推崇及創造銷售機會等連鎖反應。」

他有著超乎尋常的能力，能夠從自身經歷裡提煉出成功的方程式，並且用簡明清晰的言語與其他人分享，從此改變許多人的生命。微軟創辦人比爾・蓋茲說，博恩・崔西不僅教會了他如何銷售，更教會了他如何去思考；奇異（GE）前執行長傑克・威爾許也認為，在銷售這個領域裡，還沒見過比博恩・崔西更具有豐富思想的人。

談到和這些世界上最富有的人打交道，博恩・崔西得到的經驗是：「這些有錢人能夠常保一顆誠摯的心，待人處世有誠信、溫和有禮，因此吸引了一大群人在背後支持他們，使他們得以成功。」他深信，能夠成功的人，在性格上必有偉大之處。

成功的自我準備

閱讀——訓練專注的腦部活動

平日賦閒在家時，博恩・崔西最喜歡做的事情就是閱讀，從他的著作處處引經據典，博覽群書的特質可見一斑。除了成為講師和顧問，寫作是他最重要的工作。他目前已出版三十幾本暢銷著作。

四十多年來，他每天至少閱讀三小時，即使忙碌的上班日或放假的節慶，也從不間斷。他說：「很多人以為，唯有假日才有時間好好閱讀，所以就把閱讀時間往後挪。我認為這種想法行不通，最後可能還是蹉跎了時間。閱讀必須持之以恆，隨時進行。」他更進一步表示：「成功和失敗者的差異在於信念。前者會堅持到底，後者則不斷放棄。」

他對讀書的堅持，不僅體現於定時閱讀的習慣上，也落實於對學識的追求。高中沒畢業的他，後來不只完成了大學教育，還念了研究所。

時間管理——對抗小事的誘惑

博恩・崔西認為，時間管理首要就是要「抗拒先做小事的誘惑」，把時間花在投資報酬率最高的工作上。而一旦開始進行，就要專心致志，沒有一〇〇%全部完成絕不停止。如果中間停下來好幾次，然後又重新開始，會使完成工作的時間增加達五倍之多，因為每次都要重新「暖身」。

他強調，「閱讀需要高度專注及投入，是一種很好的腦部訓練，讓人隨時處於清醒的狀況。」他甚至認為，常常閱讀的人，一定會比不閱讀的人更加成功。

他的閱讀範圍很廣，包括管理學、心理學、經濟學、宗教學、歷史等領域，其演講和著作有著強烈的個人風格，信手拈來都是有趣生動的故事及案例，能夠深入淺出地闡明一些實用的概念。

旅行與爬山——攀高磨意志

除了閱讀，博恩・崔西也喜歡爬山。「藉由不斷攀山越嶺，我可以把意志力磨練得更堅強。」他說，這項愛好其實是延伸自他對旅行的喜愛。

「我最大的心願是到全世界一百個國家去旅行，如今目標已相當接近。」目前，他的足跡已遍布五大洲的九十二個國家，並在其中四十三個國家安排過演講行程。

二十歲開始，博恩・崔西便到處旅行。年少輕狂的他曾與兩位好友，以三百美元橫越三大洲、四大洋，走過一萬七千英里。提起旅行經驗，他沉浸在回憶中，娓娓道來：「這一趟旅程，從倫敦起程，通過陸路的方式展開行程，經過捷克、土耳其、伊朗、巴基斯坦、印度，到達東南亞的曼谷、馬來西亞、新加坡、緬甸等十六國，等於環繞世界一周，再回到美國。」其中險惡的撒哈拉沙漠，讓博恩・崔西吃盡苦頭，艱難困頓的經歷和體悟，只能依靠信仰，這正是日後造就他堅毅勇敢性格的搖籃。

「每個人都必須橫越自己的撒哈拉沙漠。」對他而言，旅行是一種生活的修練。他強調，「在旅程中，旅者會遭逢難以預期的困難與阻礙，如果訂好目標，就不會半途而廢，反而會勇往直前，排除萬難，直到抵達目的地。」

這麼說，旅行、爬山和閱讀，乃至前半生的坎坷際遇，所有一切的苦難，原來都是為了成功所做的必要準備。

好好閱讀品嘗博恩・崔西的新作品《你相信，所以你成功》，必有豐厚的收穫。

我是成資國際股份有限公司的總經理Aaron黃禎祥，因為——**你相信，所以你成功！**

前言
成功的人和你想的不一樣

目前為止，你最常提出及回答過最重要的問題，應該就是：「我是誰？」「我為什麼會在這裡？」還有「我這輩子最想做的事是什麼？」

你的人生原本應該是快樂、健康、愉悅、充滿期待與希望，每天早上醒來應該覺得自己是個很棒的人，人際關係也很和諧。事實上，身為一個健康而成熟的大人，每天都應該從事一些可以開發自身潛能、不斷讓自己進步的事情，而且也要記得感恩在你生命中出現的所有好事。

如果在你人生中大部分的時間都不是如上述那樣的想法和感覺的話，不管是基於什麼原因，那都意味著你對自己生命的思考、感覺和反應有什麼地方出錯了。你的首要目標，就是把你的生活調整到在大部分的時刻都可以感受到快樂、愉悅、滿足的狀態，去除把你拖垮的負面消極想法與信念，並學習成功者的正面心態。本書就是要教導各位如何學會世界上最成功、最快樂的人他們心想事成的方法。

把負面特質拿掉，留下更好的自己

現在我先來說個故事。

在義大利佛羅倫斯學院美術館裡，由米開朗基羅雕成的大衛像，可謂世上最美的雕像。在美術館裡，來自世界各國的旅客，無不帶著驚嘆的眼神注視著這個偉大的藝術作品，只要站在這座雕像前就能感受到它震撼人心的能量。

這些能量究竟從何而來？其間隱含了一個故事。大約在西元一五〇一年，米開朗基羅接受委託，替佛羅倫斯的大主教堂雕刻一座傲視其他藝術品的雕像（後來這座雕像被放置在大教堂廣場）。米開朗基羅花費了四年的時間，夜以繼日地在主教座堂前的庭院祕密地雕刻此雕像。最後，成品終於在數千人面前揭幕，大家在讚嘆之餘，一致認為這將會是截至目前為止世上最美的藝術品。

之後，米開朗基羅被問及如何能創造出如此偉大的作品時，他答說，有一日他如往常般地一早散步至工作室時，瞥見路旁有個被人從山上運下來的巨大大理石，被雜草與樹叢覆蓋並棄置在路邊。

這條路他已經走過無數次，但從沒在這裡駐足停留，這是他首次停下腳步仔細端詳這塊大理石。他繞著它左看右看數次，突然間，他靈光一閃地發現，這塊大理石正是他尋覓多時、能成為他現正為美迪奇家族創作雕像的絕佳材料。他趕緊叫人把這塊龐然大物運到他工作的庭院裡，並展開接下來為期四年大衛像的創作。

史坦博士的心靈診療室

想像自己不設限

前一陣子，我參加一個專業的工作坊，在研習的課程中，有個活動是要我們找出一件阻礙我們向前邁進的事。百分之九十的參加者都覺得自己需要更多的訓練、經驗、知識，才能在所在的領域獲得成功，這樣的自覺與求知欲讓我對於大家的決心及毅力感到非常佩服。但同時也有不少已功成名就的人仍對自己的能力有所懷疑，這種自卑又缺乏自信的想法讓我覺得不可置信。

缺乏自信有兩種可能，一種是你高估了別人，二是低估了自己。然而不論是哪一種，我們都必須知道，其實自信就是個人潛能的「放大鏡」，能讓人找到前進的動力，突破自我極限。我深信透過本書，你可以找到訓練自信的方法，就像鍛鍊身體一樣，只要願意持之以恆，一定會日起有功的。

他說：「一開始我從那塊大理石裡看到的就是大衛，我唯一要做的就是把石頭裡不屬於大衛的部分拿掉，剩下的就是完美的大衛雕像。」

同樣地，各位就像是大理石裡的大衛，你此生必須做的事，就是把內心那些讓你停滯不前的恐懼、懷疑、缺乏安全感、負面情緒和錯誤的信念拿掉，留下的就是「能讓你成為更好的人」的特質。你，就是一件傑作。

避免陷入「平靜而絕望」的生活

我們很幸運能生活在人類史上最好的時代，也擁有前所未有的機會和可能性，去獲得前所未有的成就，讓自己一年比一年更好。

我們在過去二十五年裡所創造的財富，已經超過人類有史以來的所有財富，全球的財富總額正以每年四％的速度增長，百萬富翁、億萬富豪的人數也急速增加中。我們只需要一個世代的時間，就能從一貧如洗翻身成為富豪，這是前所未有的榮景。

此外，人類的壽命也變長了。在一九〇〇年時，人類的平均壽命只有五十二歲，到了一九三五年上升到六十二歲。現在人類平均壽命，男性已增加到七十七歲，女性則是八十歲。而這個數字還在持續調升中。這意味著，如果我們保養得宜，能好好照顧我們的身體與心理健康，要活到八十五、九十、九十五歲甚至更老，都不成問題。

我們身處在這個美好年代所要做的事，就是盡可能學習能活得更長壽、更快樂、更健康的所有知識，並把這些知識運用在日常生活中，好好享受身處的偉大時代。

雖然我們生活在充滿機會和物質豐盈的時代，但是很遺憾地，還是有很多人仍然過著「平靜而絕望」的日子。他們恐懼、負面、缺乏安全感、擔心、憤怒、沮喪，而非快樂、熱情、積極地生活著。之所以如此，是因為他們受過去負面經驗的影響，這些不好的經歷阻礙了他們充分發揮潛能、實現願望的可能性。

但因為心理學家與科學家的不斷探究，如今我們對於這些把我們拖離成功、實現自我潛能的負面情緒已所知甚多，遠比過去任何時候都還要清楚。有時候，一個突然冒出來的想法，就會讓我們看到自己的生活有可能轉型或徹底改變的契機，此後，你的人生將會變得更精彩。

只要一個念頭，就會讓你的人生卡住

接下來，我就來說說我自己的親身經歷吧。

我出身貧寒家庭，出頭天的機會不多，高中沒畢業，做了幾年洗碗、挖水溝、鑿井的苦工。在二十五、六歲時進入業務銷售領域，終於嘗到成功的滋味，在三十歲時晉升為銷售主管，我的人生至此已經翻轉，我開始往上爬，也慢慢變有錢了。

有天我狠下心來，買了一輛銀灰色的賓士450SEL，裡面有著藍色的皮椅。這是我多年以來一直夢想要擁有的車款。我把舊車抵押給車商作為頭期款，且把分期付款展延至五年，然後就把夢想中的車子開回家了。

當我開這台車上路，腳一踩在油門上，車速就一路飆升，如果我不踩煞車早就超速了。

在開了一年之後，我把車子送去給精通賓士車的技師做定期的維修保養。叫做漢克的賓士技師告訴我，他在車子的化油器裡發現了一個小問題。之前的車廠師傅在裡面裝了一個調節器來減少燃料進入引擎，漢克把這個調節器換成新的節閥，他說：「你再開看看，你會發現你的車子變得不一樣了。」

就如我所說的，我之前對這台車的引擎滿意極了，我開得很順，也非常享受開這台車上高速公路飆速的快感。我坐進這台剛維修好的車子裡，腳才一碰到油門，車子就像火箭一樣瞬間加速衝出去，我得死命踩住煞車才能免於撞車的慘劇，想不到它的速度變得這麼驚人了。從此以後我開這台車都會小心地輕踩油門。沒想到只是換個在化油器裡面的小零件，這台車的引擎居然變得這麼強。

我說這件事的重點是要告訴你們，我們的人生就像性能卓越的賓士汽車一樣，即便生活平順且令人滿意，但在你心靈深處仍有個小小的障礙或是負面思考卡在那裡，阻止我們更進一步向上提升。只要找出這個阻礙進步的小問題並加以排除，你會發現自己進步神速，原本得耗時好幾年才能達成的事，現在只需要幾週或者幾個月就可完成。

我打個比方。假設你買了一輛豪華汽車，有著漂亮拉風的外形、馬力十足的引擎，幾乎每個細節都接近完美，只有一個小小的問題，那就是有個零件沒有安裝正確，而這會導致前輪的其中一個輪子被鎖死，讓你在踩油門時無法前進，只能原地打轉，哪兒也去不了。

我舉這個例子的用意是要告訴你，只要在你潛意識深處藏著一段以前經歷過的痛苦記憶或負面情緒，就會卡住你的人生，讓你停滯不前，只能在原地空轉。不管你多麼努力地改變外在，例如在你的財務、家庭、親子關係、職業生涯或者健康上力求突破，你會發現即使你再努力，但進展也很有限，成就感減低，所有的努力都是徒然。

在獲得幸福和成功的路上，最大的絆腳石通常是一些自我設限的負面想法。這些缺乏自信的想法，其實並沒有任何跡象證明那是事實，但我們就是不分青紅皂白地全盤接受這些錯誤的想法。所以，想要完全發揮自己潛能最重要的關鍵，就是要建立全新的、積極的人生信念，來取代舊有的負面思考。

在這本書中，我會教你們如何找出那些阻止你前進的絆腳石，如何釋放巨大的能量、熱誠和慾望，並引導它們用在自己選擇的目標上。而這些你們即將學到的技巧和知識，已經經過無數實證，證明確實可以改變人的一生。

十九世紀的美國幽默作家賈許・比林斯（Josh Billings）曾說過：「傷害一個人的並非是他知道了什麼，而是他發現自己所知的並非事實。」這一點尤其是用於人們對自己的認知。

在生活中大多數阻礙我們取得更大成功、幸福、成就和喜悅的負面情緒，都是源自那些你認為自己知道、但不一定是事實的東西，唯有改變自我設限的種種想法，我們的人生才會開始有所突破。

現在，就讓我們開始翻轉幸福吧！

Exercise×練習

預想成功

「成功」就是你選擇相信什麼，然後努力去達成。

現在就找出一件你真正非常想要達成的事，想像你已經完成，然後描述當你達成目標後心中的感覺，以及在完成這件重要的大事後，你的人生會有哪些改變。

第一章

相信，就是最大的力量

——先相信自己會成功，才會看到成功

要成長就必須改變，而改變也意味著我們必須冒些風險，從已知領域踏入未知的境地。

——英國小說家　喬治・吉辛（George Robert Gissing）

我們每個人都具有非凡的潛能。我們大腦裡有一百億個腦細胞，而每個細胞都和其他兩萬個細胞相連。我們在腦中出現的想法或念頭，不管是正面積極或負面消極的，都遠遠超過宇宙中所有的分子數量。

你絕對有能力過著有意義、有目標、對社會有貢獻的人生。不過，在明白自己有多大潛力實現人生抱負之前，我們得先認識自己，並找出為何我們會變成現在這個樣子的原因。

人生沒有「使用手冊」

在開始正題之前，我們先想像一件事。

假設你買了一台最先進又精密的電腦回家，準備開始組裝時才發現，這台電腦根本沒有附任何的說明書，你會怎麼辦？大概會驚慌地瞠目結舌吧。有了最優良、最現代化的設備，可以協助你完成許多複雜的工作，但卻不知如何組裝和使用，這應該會很令人生氣無奈吧。

我們人生也是類似這種狀況。我們與生俱來的驚人心智、天賦、才能就像一台精密的電腦設備，可以讓我們成就很多事，完成許多非凡的工作，但遺憾的是，沒有人告訴我們究竟應該怎麼做，才能充分發揮潛能。我們必須自己去發掘，而這個過程可能歷時三年五載甚至一輩子。

那麼，你是否曾經想過，你是如何透過你所具有的獨特思維、感受、想法和能力，成為今天的自己呢？

改變想法，奇蹟就會發生

愛迪生曾說過，這世上有三種人，一種是懂得思考的人，一種是自認為屬於會思考的人，另外還有一種是寧死也不願思考的人。

大部分人都是渾渾噩噩地過日子，而不思考「我是誰？」「我為何會變成這樣？」對這些人來說，發生在他們身上的事只是一連串的隨機事件，人生就是這樣，所有的事情都沒什麼關連，也無法解釋。

他們選擇找到的第一個工作，依照老闆的吩咐做事，讓提供工作機會的人決定他的職涯，當他們不想再繼續單身，就和正好遇到的人結婚，他們看到什麼就買什麼，別人叫他們投資什麼就跟著操作。生活對他們來說像是遊樂場裡的碰碰車，只是不斷地隨機撞來撞去，難以自己掌控。

但事實上，你的世界是由你的想法，以及因此而做出的行為所建構出來的，只是你有沒有察覺而已。也就是說，一旦你改變想法，改變了思考角度，就能改變你的人生。

人會變成自己所想像的那種人

賓州大學曾進行歷時二十二年的研究，訪問了三十五萬人，調查他們大部分的時間都在想些什麼。結果顯示，感覺幸福快樂的前百分之十受訪者裡，大部分人頭腦裡只想兩件事：那就是「我想要什麼？」以及「我該如何達成？」

成功人士也像這樣，常常思考自己想要什麼，又該如何達成目標，他們會想出許多點子與創意，讓自己產生動力，採取積極行動，朝成功之路邁進。等到他們達標後，成就感會讓他們更快樂、更有動力，而且急於設定下一個更大、更具挑戰性的目標。他們的人生總是處在往成功目標、向上提升的狀態。

所有宗教、哲學、玄學、心理學、成功學都有一個共同的基本原則，那就是：你認為自己是什麼樣的人，你就會變成那樣的人。

你的思維為你自己設定的形象，將決定你在現實生活中的一切表現。不管你想

史坦博士的心靈診療室

改變想法，就能改變人生

我有個四十歲的客戶，第一次來找我諮詢，是因為他再也不想過那麼不快樂的生活了。

他和妻子的婚姻生活美滿，有兩個活潑的小孩、收入不錯的工作，還有會互相幫忙支援的親友。不過，他就是覺得自己缺少了什麼，無法好好享受眼前的幸福。

在跟他諮商一陣子之後，我發現他容易負面思考，這種悲觀的傾向，讓他覺得隨時會有無法避免的厄運發生，也無法掌控自己的人生，這使他很焦慮和沮喪。

於是我跟他一起把他的生活分解成數個部分一一探討，探究是什麼原因讓他覺得自己無法掌控人生，以及為何他會有這種感覺。

我讓他做些練習來改變他的舊想法，並加強新的信念產生。經由這些練習，他發現透過各種抉擇與行動，自己確實能擁有掌控人生的主導權。在一段時間過後，他已經變得比較自在而隨和。現在，他整個想法與態度都改變了，不但比較樂觀，對生活也多半抱持正面的想法。

這位男士的轉捩點在於他改變了觀念，並從不同以往的角度來看事情，意識到自己能掌控人生中的各項抉擇，未來也勢必如此，從此他的人生徹底改變。

要什麼，當你想著未來的目標時，若帶著正面的情緒和熱忱的心情，明確思考自己的願望，如此一來將會為你的行動注入能量和活力，讓你更快達成目標。

如果你的頭腦就如大多數人一樣，常處於一團混亂的狀態，你就只會偶爾想到自己需要什麼，或不需要什麼。你會想到是什麼讓你快樂，又是何事讓你不快樂。每天的生活就是千篇一律的工作和回家，睡覺和起床；你只會追求一時的刺激和短暫的興奮，你會無意識地看電視、聽音樂以及與人往來互動……但你會做這些事是因為你沒有清楚明確的目標，只是經年累月地順著生活軌道在走，最後就變成你頭腦所想的那個人，不論那個人是好是壞。

根據歷史紀錄，人類已經發現數個心理法則和原則，基本上都能夠解釋與說明「我是誰？」「為何這些事會發生在我身上？」這些問題。

成功學的專家拿破崙・希爾曾說：「人生的最大祕密，就是不要企圖去改變自然法則或勝過自然。」

接下來，就介紹會影響你人生的六大信念法則。這些法則的重點都在於「改變想法」，一旦你的想法變了，你的人生也會隨之改變。

一、因果關係法則：一分耕耘，一分收穫

因果關係曾被視為宇宙不變的鐵律，最先是在西元前三五〇年，由亞里斯多德於雅典學院外所提出，當時這個法則被稱為「亞里斯多德因果關係定律」。

在那個年代，人們都認為凡人的生命都是操縱在奧林帕斯山諸神手裡，人類生命中所有發生的事不過是一連串的偶然。但是亞里斯多德反其道而行，他認為我們是活在凡事皆有規則與秩序統治的宇宙中，事出必有因，不能因為我們不知道是什麼原因就否認其存在。

根據因果關係，所有發生在你生命中的事件都有其因，也會造成其果，沒有一件事是隨機發生的。即使表面上看來毫無緣由的一件平常事，也能追本溯源找到產生的原因，或是將來會造成的結果。

要怎麼收穫，就要先怎麼栽。栽是因，收穫是果，唯有像園丁一樣，辛勤地鬆土、種植和照顧，才能栽種出美好的花木。

Exercise × 練習

學習成功者的思考方式

就成功這件事來說，因果關係是最顯而易見了。想成功，最快的方式就是向成功者學習，了解成功的人是如何思考的，然後自己學會運用。

寫下三位因為他們所成就之事或其為人處世讓你景仰的人，以及他們讓你佩服的特質是什麼，以及你要如何才能培養出這些特質，然後重複去做他們做過的事，直到你也獲得同樣的結果為止。

法則一：想成功，就要跟隨成功人士的腳步。

因果關係的第一條定律就是，只要你不斷重複運用成功人士的方法，到最後你也將獲得相同的成功。

如果你渴望某種結果，例如身體健康、快樂、事業順利，可以藉由創造「能產生這些結果」的因素，來達成自己的願望。要達成這個目標最簡單的捷徑，就是找到一個已經實現你所渴望夢想的人，看他為了理想曾付出哪些努力，然後自己跟著照做，不辭辛苦，一遍又一遍嘗試，直到成功為止。

法則二：天底下沒有不勞而獲的事。

成功沒有不勞而獲，只有實至名歸。你要夠努力，才有資格得到成功。這個世界有太多人都在做著會令自己懷憂喪志的事，到頭來他們會驚訝地發現自己居然淪落為跟魯蛇一樣的下場。不要以為這只是偶然的事件，又或只是倒楣而已。告訴你，這就是宇宙法則。

如果你吃健康的食物，規律地運動，好好照顧自己的身體，那麼你就會擁有健康的身體、苗條的體態和用不完的精力；但是如果你不這麼做，你就會得到相反的結果，這不是理所當然、簡單明瞭的事嗎？因果關係就是這麼清楚、簡單。

法則三：種下正面的種子，才能開出美麗的花朵。

因果關係法則中最重要的一條定律，就是我們的想法是先決條件、是原因，也是結果。

你的想法是活的，是「你的想法決定讓那些事情發生在你身上」，特別是那些帶有強烈情緒的想法，不管是正面或者負面想法。想法就如裝在導彈裡的電腦控制系統，能夠精準地正中目標。

一旦你種下了因，結果就已經產生。一旦你把石頭推下山坡，它就會自動滾下去；一旦你在心裡種下正面的種子，就會開出美麗的花朵，如果種下負

史坦博士的心靈診療室

心靈花園也需要整理

當人們來找我諮商治療時，我通常會先帶領客戶看看在他們的「心靈花園」裡，栽種了哪些想法、點子、信念，而這些種子最後開出哪些花、結了什麼果。

這些種在心靈花園的種子，是從我們出生開始，就預先被別人種在花園裡，等到一段時間後，我們才接手過來繼續栽種灌溉。

發現自己的心靈花園裡有哪些想法和念頭至關重要，這樣我們才能決定哪些思維可以繼續留在「花園」裡，哪些又必須除去。等到做完這些清理工作後，花園將會變得健康、充滿養分，留下來的想法、念頭、情緒，也會成為讓我們向上提升的更好動力。

面的種子，雜草自然就會長成。我們能掌控的就只有「因」，因為「果」會自動生成，不管你喜不喜歡或是否想要。

二、信念法則：你相信什麼，你就會變成那樣的人

信念法則是指你所堅信的事物會成為現實。你的信念和你眼裡所看到的世界，會形成一片偏見的牆，所以你看這個世界不是它原來的樣子，而是你認為的樣子。也就是說，信念會創造現實。

我們所有的信念都是經由後天學習，在某個時期被他人灌輸而得。如果你習得的信念是積極樂觀的想法，那麼恭喜你，你將有個快樂、健康的人生，也會成為隨和、受人歡迎的人。反之，如果你學到的是負面、自毀的信念，那麼你會凡事質疑，恐懼多疑，並且常常與人發生爭執。

想要改變自己，第一步要做的就是「自我質疑」，審視你究竟有哪些自我設限的信念。那些你自認為缺乏才能、本事、好個性以及良機的想法，通常都不是事實，而是因為你「真的這麼認為」，這會讓你無法跳脫框架，影響你的發展。一旦

你能拋開這些桎梏，你的人生就會豁然開朗，猶如旭日東昇。

Exercise×練習

沒有「不能」，只有「不為」

我們很容易為將來還沒有發生的事情過分擔憂和恐懼，限制了自己當下的選擇。然而這樣的自我設限就像給自己挖了一個大洞，在你還沒有嘗試往前走時，就已經掉進坑裡了。

列出三件你一直想去做但是卻做不到的事。想想為什麼做不到，又是誰告訴你做不到，誰相信你能做到？你認真嘗試去做了嗎？還是你自認為做不到就不去嘗試？

史坦博士的心靈診療室

你想要內心住哪種動物？

我最近有個案例。有位女性客戶，她說自己只要跟某個同事聊天，焦慮症就會開始發作。在這位同事面前，她自覺膽怯又卑微，只要有這位同事在場，她就沒辦法說出自己真正的想法。

在我了解她對這位同事有著不安全的威脅感後，我請她把自己的這些感覺想像成某種動物，她說這種感覺讓她想到小貓，因為小貓咪總是害羞而膽小。我再請她想像，當她感覺到自己堅定、自信、強大的時候，那些感覺會讓她想到哪種動物，她選擇了老虎，因為老虎讓人覺得是強壯、危險的。接下來，我讓她先想像自己是一隻楚楚可憐的小貓咪，再想像自己是一隻強而有力的老虎。我請她如此重複做了多次，直到她不需要太費力，馬上就可以透過把自己想像成這兩種動物來獲得相對應的感受。

然後，我請她在辦公室的時候，都想像自己是隻老虎。經過一段時間，她就克服了面對那位同事時的焦慮了。

我把我這套方法運用在好幾位客戶身上，結果都很成功。雖然這個方法聽起來有點不可思議，不過，先找到你自我設限的信念，再找出一個具體的對象或動物來代表這些信念，能讓你把它們具象化，更加了解自己的思維方式，進而客觀地察覺到自己這些情緒是從何而來，並且可以在產生負面情緒或缺乏安全感時，有意識地把自己轉化成正向積極的人，同時因為能夠充分掌控事物和自己，自信心也會大增。

三、希望法則：樂觀與自信是最大的動力

希望法則是這幾年熱門的討論話題，常常被拿來解釋每天發生在我們周遭的事情上，包含股市的投資選股，以及市場的經濟情況。如果你帶著信心認真地希望某事發生，它就會真的成真，這就是希望法則的原理。

例如，若是你真心期待受人歡迎，你美夢成真的機會就很高，因為你會觀察那些人際關係良好的人是如何與人相處，包括他們如何說話與傾聽，又會做什麼樣的肢體動作等，然後你的行為舉止就會把你導向自己想要的方向。又如果你希望擁有美好的人生，對社會有所貢獻，受到親友、同事的尊重，你也能使這些夢想逐一實現。

如果你總認為自己不受歡迎，那麼他人就會真的不喜歡你了。因此許多不快樂的人，他們對人生其實是抱持著負面而悲觀的期待，最終他們也將「如願」等到失望、被騙和當冤大頭的結果。

實踐希望法則的要點就是先培養正面積極的態度，對生活抱持著一切都會變得

更好的自信，這樣你的期待將不會落空。

你的夢想大部分都是根據自己的信念和想法所塑造出來的，如果你自認為是善良的人，自然希望別人以正面的態度來看待你，別人也會有意無意地回應你的期望，不管他們是否知道你有這種期待。

你可以訂製自己專屬的希望與夢想，選擇權就在你自己的手上。記住，全世界你唯一可以作主的就是自己的想法。如果你能控制自己的想法，那麼你就能掌控自己的情緒、行為和命運。

四、吸引力法則：你關注什麼，就會把什麼吸引進你的生活

吸引力法則廣為人知的存在至今已經超過五千年，不可思議吧！

關於吸引力法則通俗的解釋為，如果你想要某件東西或是達成某個心願，只要心裡不斷想著這件事，又或不斷想著某物的影像，最終這個事物就會被你吸引過來，發生在你身上。

只是，這種闡述事實上只對了一半。我們的意念確實是個活生生的磁鐵，包括

你結交的朋友、你擁有的資源，以及你所經歷過的事，都是因為你的想法與情緒所致，進而發生在你身上。無論你的情緒是正面還是負面，它都像是電流，能幫你的吸引力能量充電，你充的是負面的電流，就會吸引負面的事，充的是正面的電流就能吸引到正面事物。

對自己提出一些正向、可連結到期盼結果的疑問，大腦就會為我們找尋問題的解答，下意識地匯集那些能幫助我們實現想望的方法。

你必須百分之百確定你渴望的事物，這是因為熱切的渴望會吸引你希望擁有的事物，又或把你引導到它的能量場。最重要的關鍵在於要有堅定的信念，只要有絲毫的猶豫、懷疑，就會破壞吸引力能量的運作過程。

舉個例子，你正打算買一台新車，在確定你要買車的品牌、款式和顏色之後，接下來就觀察看看，你在這幾天內看到你預計要買的車子出現在你周遭的頻率有多高，你將會發現到處都看得到它們的蹤跡。這是因為當你越專注於某些人、某些事或某些訊息時，除了會把它們吸引過來外，還會把相近頻率振波的事都接收過來，因此我們關注的焦點，就會自動映入眼簾。

同理心法則

還有一個次法則，我要在這裡提一下，那就是同理心法則，這也是一種情感的共鳴。

根據這個法則的原理，假設你在屋子的一頭敲擊琴鍵，然後走到屋子的另一頭，你會發現，在這一頭還可以感受到鋼琴發出聲音時的震動，這就是共鳴。

同樣地，如果你經常巧遇你在一開始就覺得跟他很有共鳴、默契十足的某個人，這就是同理心共鳴法則的作用。紀伯倫在他的著作《先知》裡寫道：「雙方在初見面時就能馬上感受到彼此的心意，這樣才可能產生愛意，如果不是這樣，之後應該都不會再愛戀對方了。」說的就是這種法則。

許多人會被未來的另一半吸引，就是基於同理心法則，他們會在擁擠的空間中，一眼就看到對方，然後深深被吸引住，而這也是為何許多夫妻都會牢牢記得彼此初次相遇那個難忘時刻的原因。

同頻共振原理

還有另一個次原理——同頻共振原理。無論你在世界的任何地方，只要你的信念和想法一旦發散出去，都會影響在地球另一端的人同頻的能量。同頻會共振，共振會相吸，所以從科學的角度來說，心理學中所謂的「心有靈犀」、「心電感應」是有其根據的。

我們的宇宙是個巨大的能量運動場，所有物質皆以不同的頻率振動著。同樣地，我們的思想也具振動頻率。在適當的條件下，我們的思想振波能在瞬間穿越物質，又或穿過遙遠的距離。

或許你曾有過這樣的經驗：當你正談到某個住在地球另一端遙遠國度的朋友，此時電話恰好響起，竟然就是你方才提起這個久未碰面的朋友打電話給你。你會又驚又喜地說道：「好巧！我們正在說你呢！」這就是吸引力法則同頻共振原理中，把和你思維振動頻率相同的東西吸引過來的最佳例子。

Exercise × 練習

24小時筆記的魔法

隨身帶一本筆記本，隨時留意並記錄自己的狀態。例如，當你面臨抉擇時，你會看重正面還是負面的層面。把這些狀況都記錄下來，然後練習每次做決定時都盡量以樂觀且正面的觀點來看待事情。

在一整天的記錄後，再分析自己究竟是以什麼樣的態度來度過每一天。

五、排斥法則：負能量的吸引力法則

和吸引力法則相反的就是排斥法則。

當你心裡充滿著負面想法，像是感受到經濟壓力，覺得錢不夠用，擔心每樣東西都要花錢，那麼你就是給自己製造一個會把金錢和機會排拒在外的負面能量場，通常這也是許多窮人會繼續窮困下去的原因。

我認為，如果你想要富有，可是又忿忿不平地批評、嫉妒那些比你有錢的人，這是最糟糕的事。懷著憤恨和偏激的負面情緒，等於是把成功的希望從你生命中趕走。

反之，如果你能帶著欽羨和敬佩的心情來看待富人，就等於替自己製造一個把成功人士吸引到你周遭的能量場，而這個氣場將會為你創造成功的契機。

六、投射法則：外在世界是你內在世界的投射

在所有法則中，我最欣賞投射法則。

此法則的原理，是指你外在所呈現出來的種種，其實都是內心的反射。也就是說，你在內心把自己渴望見到的、經歷的和享受到的念頭，都轉化成具體的事物，這就是「心理等化」作用。

舉個例子，如果你想要靠自己的能力致富，那麼就必須具備「財富意識」，一

旦你將這樣的想法深植於腦海中，你除了會閱讀跟理財有關的書籍和資料之外，想到很棒的賺錢點子，也會發現身邊突然多了許多發大財的機會，還會認識一些懂得理財的新朋友。致富的大門將為你敞開，你會自然而然地朝富裕的道路前進。

但很不幸地，大部分的人都是抱持著「貧窮意識」，隨時都在煩惱錢不夠用，擔心物價太貴買不起。在這種心態之下，自然是隨時看緊自己的荷包，並擔心他人是否打算騙取你的錢財，又或從你這裡圖得什麼好處。之所以產生這種心態，很有可能是源自於孩童時期的匱乏。在小時候，我們常常被長輩告誡「我們買不起」，久而久之這種「貧窮心態」就深植於我們心中。

進一步來看，依照投射法則的原理，你跟別人的關係和相處模式，只是你對自己想法的投射。也就是說，如果你喜愛自己、尊重自己，你也會獲得別人的尊重和喜愛。你越喜歡與尊重他人，別人也會回報以相同的喜愛和尊重，你的人際關係自然就會變得非常好。

你對於節食、運動、心靈所抱持的關注方式，同樣也會反映在你的健康狀態上。如果你告訴自己是個穠纖合度又健康的人，並且用身心健康的態度來面對所有事情，很快地，你不但會擁有迷人苗條的身材，也會具有健康的心靈。

如果你想在事業上有所成就，就必須從內在下功夫，運用所學的知識和技巧，做好充分準備，那麼這些努力將回饋到你的事業成功上，這些能力也會迅速幫助你更上層樓，這就是投射原理，而且是好的投射。

從小養成的負面習慣所造成的負面想法

不知大家有沒有想過，你的思想、感覺、信念、期望、態度是從何而來。其實，這些都是自我概念形成的因素。

根據自我概念的心理學原理，我們剛出生時，都像一張白紙，完全沒有所謂的「自我概念」。十八世紀的英國哲學家大衛・休謨（David Hume），就稱此為「白板」，每個人的人生都始於白板期，沒有思想、感覺、信仰、意見，所有我們得知關於自己及這個世界的資訊，都是從嬰兒期開始，直接或間接從他人處學習而來的。

當然，每個小孩都有自己的性格，這在很小的時候就看得出來。每個小孩也有不同的潛能尚待開發，或者等到他長大後再自我開發。不過，整體來說，小孩的潛能是不設限的。

當一個新生命來到這世上，他完全沒有能力自衛和自我照顧，需要大人無條件的愛，以及不間斷地照料才能健康長大。他們對這世界安全感的形成，主要由他們在三到五歲之間的成長期如何被對待而定。如果在這段期間，小孩能夠獲得關愛、肯定、擁抱、溫暖和安全感，那麼他便會認為自己是生長在一個安全的世界。

孩童與生俱來只害怕兩件事，巨大的聲響和墜落的感覺，其他的恐懼都是從反覆學習而來，通常都是父母在孩子的成長過程中，不斷教導他們要對某些事情保持警覺或遠離危險，否則，孩童本色應該是隨興而無拘無束的。

當你在安全的環境下和信任喜歡的朋友在一起，或是一兩杯黃湯下肚後開始覺得自在時，你會回到孩童時期那個不知天高地厚又無所畏懼的你，那個隨心所欲而不擔心別人看法的你。

但因為父母的錯誤行為，特別是對小孩傷害性的批評和肉體上的懲罰，讓孩子漸漸學會了父母的慣性模式。

在心理學中有壓抑的習慣模式（「我做不到！」）和強迫的習慣模式（「我一定要這樣做！」）這兩種主要的負面習慣模式。前者是因為害怕失敗而產生的反應模式，而後者則是因為害怕被拒絕所導致，這兩個負面習慣也是阻礙我們成功、快樂的最大絆腳石。

負面想法一：「我做不到！」

第一種因為害怕失敗而壓抑的習慣，肇因於孩童在嘗試新事物時遭到制止和懲罰。

小孩天生就是充滿好奇心，他們對任何事物都還沒有戒心，對世上的每件事都會想要觸摸、品嚐與感受。他們會拿起鋒利的刀，或站在高樓邊緣，又或是跑進車陣中，想當然耳，這時為人父母者的責任就是教導小孩如何避開這些危險；但有些父母卻採用極端或是恐嚇的方式來教導小孩，他們會大喊「停」、「走開」、「不要碰那個」，甚至更糟的是，有些父母會體罰小孩以示警告。這種以嚴厲方式阻止小孩嘗試新事物的舉動，會造成孩童對失敗的恐懼，而他們表現害怕的方式就是說：

「我做不到」。

在兒童成長初期，被傷害性的責罵和體罰所造成的恐懼失敗心理，會一直持續到長大成人，進而影響他的整個人生，包括他會做什麼工作、做哪些事、去什麼地方、和哪些人交朋友、如何對待伴侶與教育小孩等等，都會受到害怕失敗的心理而影響自己的態度。

恐懼的陰影如影隨形，不少大人在面對失敗時的恐懼反應，跟小孩害怕被打的反應幾乎是一模一樣的。

還記得我前面所說「把心靈想像成花園」的比喻嗎？「我做不到」的想法就像花園裡的雜草，是必須要拔除的。

我們對於許多事會有直覺反應，但直覺反應並不代表就一定是對的，我們會有直覺反應只是因為長期的思考模式所養成的習慣成自然。既然是「習慣」，就意味著「可以改變」。經由覺知和決心，你可以培養出更好的新思考模式、應對方式，甚至還可以變成一個完全正向的人。

負面想法二：「我一定要這樣（或那樣）做！」

第二個負面習慣就是害怕被拒絕的強迫性思考模式，形成的原因是源於孩童時期成為父母或長輩有條件的愛之下的犧牲品。

為了掌控小孩，有些父母對小孩的付出通常是有條件的，只有當小孩乖乖聽話，做符合大人期待的事時，父母才會給予關愛，這對成長時期需要父母保護與關愛的小孩來說，他們從中學會了只有聽父母的話，做個乖小孩，才會產生安全感。同時他們也從中衍生出自己的想法，認為如果不依照父母的期望做事，他們既不會安全，也無法獲得父母的愛。

在兒童性格塑造的成長時期，安全感絕對是必要的，因此他們會發展出「取得父母同意才做事」的傾向，他們會做父母希望他們做的事來討好大人。

長大之後這種害怕被批評、被拒絕的負面思考模式會持續下去，一旦遇到感情問題時，這種負面模式便會自動冒出來，因為此時的你已經成為非常在意別人看法的大人了。

在一些極端的例子當中，這些成年人如果沒有得到周遭親友百分之百的贊同，便不敢做任何決定，他們總是需要別人的支持和肯定才會決定是否要買某件衣服或某款車子，如果別人不是給予正面的評價，他們就會不自在，感到難受。

強迫性負面思考習慣所帶來的心理壓力還會讓身體產生疼痛，例如背痛、頭痛。當你在心裡說「我一定要這樣」、「一定要那樣」時，你的肌肉就會緊繃，先是脖子痠痛，接著這個壓力就會轉移到背部，或者身體其他部位而產生疼痛。

通常成年人在力求表現，希望讓某人留下深刻的印象，又或者必須在期限內完成工作的壓力下，會感覺到沿著脊椎往下蔓延的疼痛。但很神奇地，一旦工作完成了，壓力不見了，這些疼痛也會跟著消失。

改變你的自我意識

我們的自我意識由許多信念形成，這些信念和想法一開始是從別人那裡學習而來，漸漸地我們也信以為真，甚至堅定不移。不管這些信念是否屬實，它們都建構了我們對周遭的看法。也就是說，你內心認為自己是怎樣的人，你的外在行為舉止就會充分表現出來。

史坦博士的心靈診療室

討好者缺乏「看見真實自我」的能力

在我的治療經驗裡，「害怕被拒絕」和「渴望有個愉快的人際關係」這兩件事占了很大的比重。

曾經有個二十幾歲的年輕女子來找我諮商。她一直在乎別人的意見，害怕自己做決定，因為擔心會做出錯誤的抉擇。由於無法獨立判斷事情，所以她的所有決定都取決於他人的喜好，而這種狀況導致她產生焦慮的心理問題，最後人際關係也出了很大的問題。

經過一段時間的諮商後，她了解到如果她想與人建立真誠的關係，就必須先誠實面對自己。原本的她覺得自己是不值得真心對待的不重要人士。我一直鼓勵她應該要跟能接受她原本樣貌的人往來，而不是跟只能接受那個裝出來的她的人往來。當她全心接納了我的建議且加以實踐時，她開始以真實的自我和不同於以往的人交往，最後也找到能真心喜歡並尊重她的男友。他們現在已經在一起半年了。

雖然現在的她還是偶爾會對自己內心真正的喜好不是那麼堅定，但是她已經能夠不需依賴他人獨立做出抉擇，而且她也明白就算自己的判斷最終行不通，她還是可以再改變主意，是完全沒關係的。

自我意識是由理想自我、自我意象與自尊心所組成，以下就逐一探討這三個要素。

打造理想自我

理想的自我融合了個人的價值觀、道德觀，和對自己的夢想、希望、目標、計畫，及對他人的崇拜，這些會形成你將來最想成為的樣子。當你的理想自我越多，它對你的行為舉止所產生的影響就越大。

快樂成功的人無疑非常清楚自己的目標和理想，他們花很多時間思考自己的價值與信念並深信不疑；他們視誠信為生命中重要的原則，並不斷努力使自己更進步，也充分發揮潛能讓自己成為理想中的自我。

反之，不快樂的失敗者對理想中的自我模糊不清，或根本沒仔細想過，凡事也毫不在乎，更不會為自己的理想而奮鬥。他們往往為了一點好處或小利就放棄自己的原則和價值觀。他們從沒有真正快樂過。

在研討會上，我們最常運用「價值澄清」的練習，幫助人們發現自我價值。我們會協助個案了解生命中最重要的價值是什麼，然後訂出一個可行的計畫，讓他們能夠每天都秉持著該價值而活。一旦人們清楚自我價值和理想自我，他們的人生將會徹底翻轉。

一個非常清楚理想自我的人會留意自己的行為（因為他們知道後果是什麼），改變自己的信念（並考慮到現實因素），調整期望（他們會更樂觀，更正面），接著便會吸引和他們同頻率的人和事來到生命中，且也更接近理想中的自我。

用「想像練習」改變自我形象

自我概念的第二部分——自我形象，就是我們常常稱之為「內在的鏡子」。當外在事件發生的當下，內在的鏡子會先告訴我們該如何反應。

快樂的人有著樂觀的自我形象，感覺是自信、能勝任、受人喜愛及有效率的。所以，改變自我形象就從不斷提供自己正向的「心靈藍圖」開始。如果我們把自己想像成是一個優秀的人，並將這些形象具體化、視覺化，潛意識無形中將會調整我們的肢體語言、聲調、個性，而逐漸變成心目中那個形象。

自尊是懂得愛自己，也知道如何愛別人

第三部分是最重要的要素，就是自尊。這是所有人格的基礎，也是情緒反應爐的「發電核心」，它操控了你的人格特質、能量和強度。

關於「自尊」最佳的詮釋應該是：你有多愛自己？你愛自己越多，生活就會越順利，你越懂得如何愛自己，也會更有能力愛別人，而他人因此會更相信你、更想和你做朋友。

自尊心和人生的成功與幸福有著直接的關連。看看周遭的人，你會發現自尊心越高的人越具有正向的人格特質，也越有人緣。

常對自己說：「我喜歡我自己！」

當你轉變成你衷心企求的樣子時，在情緒上也會是快樂的。

因為當你以理想的自我身分，帶著正面堅定的態度與內在自我對話時，你的潛意識也會接收到正面樂觀的訊息，進而影響你的想法、情緒和行為。

最強而有力增加自尊的句子就是：「我喜歡我自己。」我們應該常常對自己說

這句話，每當我們多說一次，我們的自尊心也會跟著增加一分。一旦增強了自尊心，我們的自我形象便會提升，也會越來越接近我們的理想自我。

不管我們在兒童時期受到什麼樣的對待，而導致自尊受損、傷害自我意象，我們在成年之後都可以透過努力來掌控自己的人生、轉化自己的性格，這不是很棒嗎？所以從現在開始，下定決心改造自己的性格，進而改變自己的命運吧！

你要做的第一件事，就是每天對自己不斷複誦這句話：「我喜歡我自己。」十遍、二十遍，甚至三十遍都不嫌多。每當你為了某些事感到不高興或煩惱時，就對自己說「我喜歡我自己！」一直到負面情緒消失為止。

透過有意識地努力自我改造，我們可以成功去除童年時期造成的陰影和創傷，改變自我，提高自尊心，我們的人生也將更圓滿、更成功、更幸福。

Exercise×練習

人格特質自我檢覈

寫下三個你對自己最滿意的人格特質。如果你無法確定最喜歡自己哪些特質，可以問問自己下面三個問題來尋找靈感。

1. 什麼樣的人格特質會讓你成為好人？
2. 什麼樣的人格特質會讓你成為更好的人？
3. 什麼樣的人格特質能讓你成為有用的朋友、好的配偶、好的父母？

心中想著自己的這三個人格特質，並看著鏡中的自己對自己說：「我喜歡我自己！」

第二章 被卡住的人生——如何面對困住你的負面情緒

但凡厲害的事，像是偉大的思想、發現、發明，通常都是在艱困的環境下產生，經過痛苦的淬鍊和長時間的艱難挑戰，才得以完成。

——英國十九世紀道德學家　山繆爾・斯邁爾斯（Samuel Smiles）

我們所做的事或多或少都會受到情緒的左右。而我們最常產生或是表達的情緒，就是影響人生最重要的因素。

穩定的情緒來自於愛與關懷等心理基本需求的滿足，一旦這種需求無法獲得滿足，人就會產生沮喪、失落等負面情緒。

低層次需求VS.「被需要」的需求

心理學家馬斯洛提出的「需求層次理論」可以解釋上述的觀念。他在一九四〇年代從事這項全新的研究時，不和其他研究學者一樣，以不快樂的人作為研究對象，試圖解決他們的問題；而是一反常態地把焦點放在快樂的人身上，分析這些快樂者的特質。

需求層次理論認為，人類有五大基本需求，從低到高、由下往上的五個層次分別是：生理需求、安全需求、愛和歸屬感的需求、自尊的需求，以及自我實現。

其中，生理需求、安全需求、情感需求，都是屬於低層次需求（又稱為「匱乏性需求」）。如果人們缺乏這三種需求，將會一心一意地尋找該如何滿足這些需求，而無暇他顧。

當這些低層次需求被滿足後，人們便開始往上尋求更高層次需求的滿足，讓自己感覺到被需要、被尊重，並進而發揮自身的潛能，也就是自我實現。換句話說，自我實現就是成為你一直想成為的人，做到你一直想做到、也有能力完成的事。

心理學家威廉・格拉色稱一個人在達到最高層次的需求後，成為心理、情緒皆臻於圓滿的人為「全人」或「完人」（FFP）。他們自尊、自愛且滿足，對自己和這個社會都能與之自在和諧相處，而「全人」的最大特色就是他們不會過度「自保防衛」。

「全人」不需要為自己辯護或解釋，他為自己的想法、感覺、價值觀和概念而活，他熱心、優雅、愉悅、充滿活力，我們稱這種特質為成熟而完整的人格，這種

史坦博士的心靈診療室

我們都有自己的瘋狂歲月

紐約作家艾比蓋爾・崔佛（Abigail Trafford）在一九八二年出版一本書，書名是《瘋狂歲月》（*Crazy Time*），這是她在經歷兩年痛苦的離婚過程後所寫下的親身經歷。在書中她記錄了自己在這段時間因為離婚這件事帶給她的負面情緒，讓她言行舉止就跟瘋子一樣，低落的情緒也影響了她對所有事情的判斷。

換工作、搬家、生小孩、關係結束等這些人生大事，總是會導致我們有一小段時間的抓狂和失去理智。馬斯洛的階層理論提到人們需要安全感，當安全需求無法被滿足，人們就會盡其所能地追求安全感的保障，這就像肚子餓了就想找食物一樣的自然。

境界就是我們所要追求的終極目標。

揭開負面情緒的真面目

由上面所說的五大需求和情緒之間的關係看來，可以發現需求層次越低，與之相關的情緒也越容易理解。

例如，人最底層的需求是生理需求。當身體發出對於水、食物或睡眠等需求信號時，大腦立即就能明白自己需要什麼，完全不需要思考的參與。

再比如，安全需求也是屬於低層次的需求，當安全受到威脅時，我們就會出現恐懼、害怕或者憤怒等情緒，這些情緒也不需要理性地進一步解讀。

隨著需求層次的提高，與之相關的情緒和情感就會變得越來越複雜，也越來越難解讀。

現在，就讓我們先問問自己：到底是什麼問題一直讓我們停在低階需求的階層？或在低階層裡的各項需求還有什麼是我們尚未滿足的？又是什麼問題讓我們困在基本的生理需求、安全需求和情感需求裡？

其實答案很簡單，就是負面情緒。

所有負面的情緒都會讓我們誤判情勢，做出錯誤的決定。我們心中所持的負面情緒越多，會讓我們越遠離事實，頭腦無法清楚理性思考，而衝動地做出或說出自己在事後都無法解釋的憾事。

製造負面情緒的五大要素

讓我們產生負面情緒的因素主要有五項。我們如要掃除心中的這些負能量，就必須先辨識出究竟是哪些因素讓我們覺得不好受，才能在情況尚未發展或擴大時就提前阻止它。

一、批判

第一個製造負面情緒的因素就是「批判」。

負面情緒之所以產生，是因為你說服自己是有權利對別人生氣的，在理所當然的心態下，對現實情況和他人產生負面的感覺。你在內心不斷地和自我對話，並將自己的情緒合理化，你想得越多，就越覺得錯的是別人，別人都是壞人，自己是無辜的受害者。一旦你這麼認為，當然就覺得自己有產生生氣、批判等這些負面情緒的權利。

二、**誤解**

製造負面情緒的第二個要素是「誤解」。如果你是個以自我為中心的人，往往就會疑心別人都是針對你在做人身攻擊，或是要欺壓你。

行為專家稱這種情況為「基本歸因謬誤」。也就是說，如果有人傷害或冒犯我們，我們會怪罪於對方的個性有問題；但如果是我們冒犯別人或影響別人，我們則會怪罪外在環境或認為是意外所致，反正就是千錯萬錯都是別人的錯。

三、**過度敏感**

第三個要素是「過度敏感」，也就是你對於別人對你的看法與態度過度在乎或反應過度。

如果是在缺乏關愛以及責罵的環境中長大的人，就容易發展出自卑及自覺不夠好的心態。有這些心理問題的人，會拿放大鏡檢視他人對自己所採取的行動、反應及態度。他人一句贊同鼓勵的話，能讓這些人喜出望外，樂不可支；反之，一個惡意的眼神、一句批評的話，就會讓他們暴跳如雷，氣急敗壞。而偏偏高敏感族感受到的輕視和反對，往往都不是真實的，他們老是覺得別人都在背後偷偷議論自己，但這一切都是過度解讀所造成。

這類型的人需要別人的贊同才有勇氣做出決定，而且已經躊躇猶疑到了偏執的程度。如果得不到多數人的支持與肯定，他們便遲遲無法下定決心。

四、批評論斷

一個常常妄下結論，對別人的言行舉止都抱持負面評論，習慣性吹毛求疵的人，想當然耳是不會快樂的。

如果你想要批評一個人，就一定能挑出他的錯處，而這便給了你可以對他們怨恨和生氣的正當理由。

我們之所以對人多所批判，很可能是某人說了什麼話激怒你，或做了什麼事傷害你（也可能對方根本什麼事也沒做），讓你覺得不高興，你只是藉著批評來發洩心中的怨氣。

具體來說，我們批評他人，通常有下列三種情況。一是我們不喜歡別人的所作所為，二是因為我們羨慕別人的行為而心生妒意所致，三是我們藉由評斷他人來彰顯自己的優越，也就是把自己放在一個高高在上的位置來說長道短。

相對於評斷和譴責就是保持超然。當我們在對他人說東道西時，情緒無法保持客觀，這會造成我們誤判。當我們對別人的批評越多，情緒就會越失控。站在第三者的角度看事情，和人保持一點距離，並且不帶任何偏見，就是超然的態度。

另外一個保持客觀立場的方法是保有好奇之心，一個有著赤子般好奇心的人，是不能在好奇探索的同時又指責批判的。每個人都有自己的人生故事，我們在不了解一個人時，很容易就對對方提出不正確的批評。下次和他人相處時，試著提出一個能讓你更了解對方的問題，而不是能支持自己偏見的質問，這時你會發現事實根本不是你原本所想的那樣。

五、合理化所有事情

第五個造成負面情緒的原因，是將自己所作所為或所有事情都加以合理化，即使是錯事也給自己找個合理的解釋，為自己辯解。

因為自卑、低自尊的人，不會承認自己的言行並不合理或不正確。即使是罪犯也會覺得自己是清白的，他們會怪罪別人，也怪罪社會和環境，而將自己的罪行合理化。

童年的情感忽視

說到負面情緒的源頭，一定要回溯到童年時期。一個人的性格偏差和心理創傷基本上都源自童年，其中最多的是來自於父母，來自於不和諧的親子關係。

小孩天生就具有樂觀、無懼與好奇的特質，渴望利用五感感受周遭的每件事。我們不曾見過具負面特質的嬰孩吧！但在童年累積不論好或壞的所有經驗，都會在成年時展現出來，左右你的情緒表達，也影響你與他人的互動。

在幼年時期，父母的錯誤教養觀念會導致兒童經歷惡意的責罵及缺乏關愛，所造成的結果，就是小孩長大成人後之所以不快樂，以及產生諸多心理障礙的最主要成因。

惡意的責罵、批評，對人們潛能的破壞尤其嚴重，甚至比癌症和心臟病對人的危害更甚。癌症、心臟病等病症會傷害我們的健康，甚至會致死，但惡意的責罵卻在人們年幼時就扼殺幼小的心靈，徒留肉體虛度光陰。

父母常以「愛」之名作為控制手段，像是為了懲罰小孩，而故意表現出不愛孩子的態度，這等於把不安全感的種子種植在小孩心靈深

史坦博士的心靈診療室

家人這種病

正值中年的強，母親仍健在，另外還有兩個兄弟。他跟家庭關係向來密切，每次遇到難題，他總是會詢問家人的意見。

在強找我諮商數月後，我發現每次只要他詢問了母親的意見後，就會變得很焦慮。一旦他採信母親的建議，聽話照做後，對方便會稱讚他，且表現得更愛他；但如果他違背母親的意思，對方便會好幾個禮拜對他不理不睬。他覺得自己的人生陷入癱瘓，停滯不前，也不喜歡讓母親不高興後，被家人排拒的那種感覺。

我有好幾個客戶都有類似的問題。他們的人生在原地踏步，因為他們做了在乎的人所不贊成的事，而失去這些他所愛、所在乎的人的愛和支持。這種受困，就讓他們的人生卡在同一個地方長達數年之久。

處，日後就會逐漸造成諸多情緒和心理問題，例如自我懷疑、焦慮、緊張，或者認為自己不配擁有美好的事物，做事缺乏動機，害怕達不到別人的期望，受困於要求完美之中，且無法面對衝突，也沒有能力解決問題。

當小孩因為犯了一點小錯就持續受到父母的責罵批評時，擔驚受怕的情緒會逐漸在心中滋生擴大，對這種嚴厲型的父母來說，即使小孩完成了一些值得嘉許的事，他們認為還是不夠好。而且這些父母也吝於付出關愛和讚美，就算他們偶爾想表達對小孩的愛，也會因為孩子只是犯了一點小過錯而馬上收回。

憤怒是最糟糕的負面情緒

產生憤怒的主要原因是我們覺得被他人侵略、攻擊、傷害、占便宜。憤怒是悲傷的自我防護機制，在面對他人傷害時的反擊前奏。對內會引發身心的各種疾病，向外，則破壞我們的人際關係。

所有不快樂的人都會帶著怒氣。如果進一步挖掘憂鬱的本質將會發現，憂鬱或多或少都牽扯到憤怒，這是因為我們無法適切表達自己的感覺，又或無法對他人開誠佈公和誠實以對。

別用指責別人來宣洩怒氣

憤怒有個很糟糕的特點，就是你越在意自己的情緒、越發洩自己的怒火，就會越生氣。你越常訴說自己的憤怒，或評斷它，又或加以合理化，就等於縱容憤怒的情緒蔓延，結果會像野火一樣，一發不可收拾。

不少人會把憤怒累積在心裡，當到達臨界點時，即使是一件很細微的小事都能引爆一場憤怒大火。這些人可能終其一生長期都處在這種強大的負面情緒中，而且他們也覺得自己的憤怒是正常的、可被理解的。更多時候，他們覺得別人都在占自己的便宜。

憤怒的核心是責怪，我們最常表達生氣的方法就是怪罪他人。如果我們責備別人、找別人麻煩，就會一直停留在怒氣之中；當我們停止責怪他人時，憤怒或其他負面情緒才有可能消失。就像電燈開關一樣，只要我們把責備的開關關上後，負面情緒就會不見了。

你要為自己的怒氣負責

對於生氣、責怪這類的負面情緒毒素，有個簡單有效的解毒劑，這個方法能夠切斷那些長年不快樂、被憤怒左右人生的人的負面情緒迴路，那就是以負責任的態度取代責怪。

對於發生於自身的事完全承擔起責任，不要怪罪他人，而是自己概括承受。如此一來，你的負面情緒將會像踩煞車一樣瞬間停止，並把自己跟他人的負面連結切斷，不再繼續反芻思考。

那麼如何能做到勇於承擔？很簡單，那就是不管你因為什麼事生氣時，馬上對自己說：「我應該要對此負責！」一遍又一遍，直到自己的怒氣消失為止。

我們的頭腦一次只能容許一個念頭出現，所以當我們以正面的念頭取代負面的想法，專注於好的念頭，不理會干擾你的雜念，那些壞的念頭一旦失去被關注的力量，就會消失不見。掌握這個原則，你將受用無窮。

在浩瀚的宇宙中，我們唯一能掌控的就是我們的意識。要讓負面或正面的念頭出現，全在你一念之間。如果選擇讓「我應該要負責」的念頭出現，取代不快樂的想法，我們將會立刻轉變成正面、樂觀、冷靜的人。

如果你把不愉快、失望、憂慮等負面情緒一再表露出來，那麼你就不會真的開心。但若是拒絕讓這些不管是內在還是外在的負面情緒任性地冒出來，那麼它們很快便會消失。我這麼說並不是要各位壓抑自己的情緒，而是要把精力才智花費在找出為何我們會感到害怕、懷疑、嫉妒、怨恨、憤怒的原因，而非只顧著對周遭的事物批判、合理化，又或忙著宣洩自己的負面情緒。

檢討別人前，先反省自己

或許有人會說：「等等！我才不要為做壞事的人負責任，錯的是他們，受傷的是我，為何我要負責？」

從某方面來看，這個說法也有幾分道理。你被搶、被偷、被背叛、被欺騙、被傷害，或者有人占了你的停車位，在這種情況下，當然是別人的錯；從法律的角度來說，更應該要怪罪犯錯的人。

或許你不必為所發生的事負責，但我所說的「你應該要為自己負責」，是指你必須為「自己的反應」負責，為了「你的氣憤、生氣」等負面情緒負責，因為這些都是你能控制的。如果你選擇不加以控制而任其狂飆，你就必須為自己的負面情緒對自己負責。

例如，在結束一段關係後，不管是婚姻或是感情關係，我們總會經歷好幾年的痛苦，在這些日子裡我們會怨恨對方、責怪對方。但是如果我們告訴自己：「我應該要對此負責的」，並檢討自己在這段關係中究竟是哪裡做錯了，又應該為哪些事負責時，我們會發現自己其實犯了不少錯誤，也做過許多愚蠢的事，而導致這段關係變糟。有了這種體悟，或許無法挽回這段關係，但是絕對可以幫助你在下次做出更明智的抉擇。

試想在你心中有兩團火焰，一團代表慾望，另一團代表過去所發生不愉快的事所帶給你的情緒。現在你面前有一堆情緒的木柴，你想要用哪團火來點燃這堆木柴呢？顯而易見，如果你用渴望之火來點燃情緒，那麼你會把所有精力和時間都花在渴望的目標上，無時無刻不掛念著你想要獲得的事物，以及你想要的人生。漸漸地，那團肇因於過去負面經驗的情緒之火將會熄滅。

所以，從現在開始，如果有不好的事情發生，就對自己說「我必須對此負責」。在那團怒火開始燃燒之前，就先阻止負面情緒的發生。

Exercise×練習

愛上負責任的自己

我們人生中最重要的目標，應該要放在盡力消弭所有負面情緒，只留正面情緒在心中。

當你越愛自己，就代表你對自己的人生越負責，而你對自己負責任的心態，也會讓你更愛自己。這兩者是相輔相成的。

建立正面情緒最有效的兩句話就是「我喜歡我自己」、「我會負起責任的」。從今天開始，一旦你碰到讓人生氣、焦慮、沮喪的事情時，就對自己說這兩句話，讓你成為更好的自己，也能讓心情和運氣都變好。

源於自卑的嫉妒和怨恨

嫉妒和怨恨就如同雙胞胎，有許多類似之處，它們通常都源於自卑和認為自己不夠好。這兩種情緒還會製造排斥力，把幸福與成功拒於門外。

嫉妒是嚴重的負面情緒，它是基督教義裡七原罪之一。嫉妒心一直都是砲口向外的，對準那個總是比我們優秀的人，而這個人就是敵人，因為他一定做了什麼壞事，才會有如今的成就，所以我們必須懲罰他、打倒他。

或許生命中偶有一點吃醋與嫉妒是正常而無傷的，畢竟在我們成長的過程中，難免會和那些人生勝利組的人做比較而心生嫉妒。但若是常見不得人好，總是眼紅別人的成就，那就會成為莎士比亞所形容的「綠眼怪獸」了。

嫉妒的另一個孿生兄弟就是怨恨。當有人過得比我們好、比我們更成功時，除了嫉妒之外，我們的怨恨之心也可能油然而生。

某些政客常利用危言聳聽的謠言挑撥離間，借機操弄人們的嫉妒和怨恨之心，因為煽動人們的嫉妒和怨恨情緒最容易替政客和政黨製造表現舞台。我們千萬別輕易陷入這種別人所鼓吹的情緒流沙中。

然而，羨慕別人的能力和成就就是另外一回事了。「羨慕」是你知道只要努力，有一天也可以變成你所羨慕的人那樣；但「嫉妒」則是你認為自己無論再怎麼努力都無法達到目標。想要擁有和別人一樣的成就，是驅使我們進步的動力之一，而「羨慕」就是這樣的力量。

羞愧和內疚會讓人自我貶低

自卑、自責、內疚、良心不安和罪惡感，會成為阻礙我們發展潛能、達成預期目標的絆腳石。習慣性地自我苛責，會讓我們尚未好好釐清情況之前，就先自我傷害，不知不覺也相信自己是個很差勁的人。

孩子是不會有罪惡感的，他們的愧疚與自責都是後天來自父母、兄姐或其他大人的影響。既然罪惡感是學習而來的，那麼我們當然也可以自我控制不去學習這點。

對某些家庭而言，罪惡感幾乎代代相傳。孩子把父母的責備內化成自我的聲音，在他們的生長環境裡，斥責和怪罪無時無刻都在發生。而父母之所以毫不自覺地把罪惡感灌輸給小孩，是因為他們的父母也是這麼對待他們。

現在已經長大成人的你，已經有能力學習什麼事情該負責，什麼事情又不該、也不是能負責的。你要放下對自己的批判與評價，開始練習保護自己，不要再被他人利用恐懼、責任感與罪惡感控制。

壓抑感情帶來的傷害

在前一章我曾提到，如果小孩在早期受到來自父母、手足或是其他長輩的惡意責罵，或是缺乏關愛，或是被忽視，那麼他們就容易產生罪惡感。

當父母因為小孩讓自己失望而責罵孩子糟糕、笨蛋或不夠聰明比不上別人時，這些惡意的指責都會讓小孩認為自己是沒用、次等的人，他們會告訴自己「我不夠好」、「這一切都是我的錯」。

持續在這種被貶低與斥責的環境中長大，孩子會養成自我批判的性格，特別是當他和別人比較時，這種傾向更明顯。他們會覺得不管在運動還是學業上，同儕或朋友個個都比他們強，自己處處不如人。在這種認知下，只要有人在某方面勝過他，他便會覺得別人在其他方面也一定都比自己強。這種全面否定就是源自於自覺無用和低自尊心。

沒有價值地活著

經過長時間從負面角度和他人比較後，人會慢慢發展出一種罪惡感，認為如果別人比我好，那麼他一定比我有價值。

所以罪惡感最後無可避免地會讓人產生自己是個「無用的人」的自我貶抑，認為自己不值得擁有美好的事物，缺乏安全感、悲觀、憤怒、不滿等種種負面情緒也會隨之而來。

在囚犯中最作惡多端、刑期最長、最沒有羞恥心、最缺乏擔當的那些人，他們至今仍清楚地記得父母在成長期間對他們說：「你這個沒用的東西，我看你到頭來只會淪落到監獄裡蹲。」

心懷自卑和罪惡感的人，很容易認為自己是社會、環境、命運與生活的犧牲者。在這種自覺是「種種不幸條件下的犧牲者」的想法驅使之下，所表現出來的言行就是覺得自己不夠好，在和他人競爭比較時，也總是認為自己沒有天分、無法勝任、註定失敗。

另外，被罪惡感控制的人因為缺乏自信、無法獨立，所以也會很在意別人的看法，在做任何事之前總是要先徵得別人同意才敢放手進行。

罪惡感的投手和捕手

幾千年來，罪惡的訴求一直是猶太教、基督教的基石，他們利用罪惡感影響信眾，讓信徒認為自己有罪需要救贖，進而將這樣的想法運用在慈善募款、宗教奉獻和引導信眾服從，這是非常有效的切入點。現在我們就來談談關於罪惡的訴求。

在罪惡感的世界，我們可以將人分為兩大類，一種稱為罪惡感投手，另一種就是罪惡感捕手。罪惡感投手往往在幾分鐘之內就可以讓一個完全陌生的人覺得自己有錯，而罪惡感捕手則非常容易被罪惡感投手誘導而自覺有罪。

偏偏這兩種截然不同性格的人又非常容易被彼此吸引。許多罪惡感投手都是在慣於營造罪惡感的家庭中長大，成人之後又會和罪惡感捕手結婚，如此一再重複這種家庭模式。

遠離罪惡感的練習

Exercise×練習

如果你想要擺脫習慣性的罪惡感，卻又無法鼓起勇氣面對那個對你情緒勒索的人，你可以先獨自在房間裡進行以下的演練。

拿一張椅子放在面前，想像罪惡感投手就坐在那裡，然後你告訴對方，你不想要再有罪惡感了，叫他（她）停止讓你覺得愧疚，叫他為自己的情緒、過錯、生活負責，不要把事情都推到你身上，怪罪於你，你不想要再當代罪羔羊了，你想要過自己的人生。

為了更逼真，你還可以在椅子上放一張對方的照片，或者請伴侶或朋友（如果他們不是那個罪惡感投手的話）扮演那個人，配合你的行動。

負面教派的權威

有些宗教教派會在其教義中灌輸「負面信念」。這些宗教領袖善用罪惡感來操縱人，使人感到內疚。如果不按其要求行事，他們就會利用罪惡感加以折磨，甚至羞辱，藉由貶抑正面情緒的價值，以達到控制與操縱的目的。

我在這裡提到了兩個關鍵字：「控制」和「操縱」。幾個世紀以來，人們發現利用罪惡感能讓別人覺得凡事都是自己的錯，並輕易達到控制他人情緒的目的，一旦控制了他人情緒就能操縱別人。而且不只是宗教組織善於此道，甚至為人父母者，更是運用此手段的高手。

操縱者如果利用罪惡感摧毀一個人的自我價值感，並用來降低被控制者的反感，那麼這樣的罪惡感就是陰險邪惡的情緒。

避免進入受害者模式

一旦某人已經建立罪惡感、無用和自卑的性格後，便會使用「受害者語言」來強化這些感覺。

我們如何跟自己對話的內心旁白，決定了我們的自我認同，和自我價值的定位。如果我們內心的ＯＳ是把自己當作受害者，那麼我們的生活必定充滿抱怨、批評和責怪。

那些自覺是受害者的人總是會替自己找藉口，當你要求他們做事時，他們通常會說「我試試看」或「我盡量」，而這些說法往往就是日後失敗的藉口。他們雖說會盡全力，但這聽在提出要求者的耳裡，反而會產生疑慮，因為常把類似字眼掛在嘴邊的人，通常做事也會讓人失望，他們在答應的話語裡已經給自己留退路，一旦結果不如預期，他們就會提出許多藉口來解釋自己為何延誤、未全力以赴、沒達成目標等，總是會有說不完的理由。總之千錯萬錯都是別人的錯。

他們沒信心能使命必達，也沒把握可以掌控好自己，因此在還沒嘗試努力完成工作之前，已經先假設自己注定失敗。

事實上，想完成目標就必須先相信自己一定會成功，然後全力以赴，這樣才有可能成功。然而，有受害者心態者的所做所言，和這個成功法則是完全背道而馳的。

批評和抱怨也是受害者慣用的語言模式，當他們批評時，其實就是認為自己是那些正被自己批評對象所造成的受害者，而抱怨和批評的結果，只不過是讓自己覺得更不如人、更缺乏安全感而已。

去除罪惡感的感覺

我在這裡提出四個步驟，可以有效去除不知不覺已深植於內心的罪惡感。

●從現在開始不再「自我評判」

練習對自己也能產生同理心，不要再言不由衷，不堪回首的往事也別再提起。記住，最有力量的話就是自己對自己說鼓勵的話語，富蘭克林就曾提到，他一切的成功和幸福，都是受益於一個自我激勵的概念！

在自我對話裡最棒的三句話分別是：「我喜歡自己、」「我做得到」、「我是負責任的」，當你不停地對自己複誦這些話時，你哪有餘裕來感受負面情緒和罪惡感呢？

● **不要再批判別人的言行**

徹底把惡意的批評從你的字典裡刪除，成為「從不說壞話」的人吧！把「擁有想要多了解別人的好奇心」和「總是看到他人的優點」變成一種習慣，當你對人說出讚美的好話時，不但能提升對方的自信心，也能讓你更喜歡自己。

● **不要再利用任何理由讓他人產生愧疚感**

當你在和親朋好友互動時，不要再使用具有愧疚導向的字句來讓他人覺得愧疚。

為他人付出的最好方式，就是無條件地愛和接納，以讚賞、支持，或至少保持沉默來取代批判。

● **拒絕別人以愧疚感來操縱你**

今後不要讓任何人企圖以任何事來讓你覺得愧疚。如果你的父母或另一半又使出情緒勒索的招數時，就對他們直言：「你又打算讓我感到愧疚了，對不？」

當你義正辭嚴地拒絕別人強加於你的愧疚感時，你會發現事情有驚人的改變。或許剛開始他們會感到困惑或者生氣，但是漸漸地他們知道老招已經不管用時，便會改以溝通的方式與你互動。當然先決條件是，你得先逼他們正視問題，讓他們意識到對你的情緒勒索，把這層紗幕揭開，然後才有改變的可能性。

正確表達負面情緒的方法

不斷地表達自己的負面情緒，就像是反覆排練不好事情發生的狀況，這樣只會雪上加霜，讓負面情緒生根且不斷擴大。

我們可以把負面情緒比喻成森林火災。原本只是一小撮的火苗，稍不留意就會釀成一場大火，如能即時撲滅火苗，就可以避免一場災難發生。我們的負面情緒也是一樣，如果能在情緒剛產生時就即時控制，便可避免情緒所帶來的傷害。

自己的情緒自己掌握

記住，沒有人能強迫你去感覺任何事，沒有人可以令你抓狂，也沒有任何往事可以掌控你。過去的事、任何情況或任何人都無法影響你這個人，除非你允許他們這麼做。只有你自己可以影響與掌控自己的情緒，因為所有發生的事端賴自己如何解讀、如何認知，看你是用正面或負面的態度來看待世事。

在我們所有的情緒中，最美的就是同理心。同理心能讓我們理解並接受他人的情緒。當我們無法放下心中的怒氣時，試著運用同理心，找各種理由理解而非批評他人，這樣做也是放過自己，不要讓過去的傷害困擾現在的你。

Exercise × 練習

寫下來就把它忘了吧！

下面有個簡單的方法，可以讓你從過去不好的記憶中脫困，這個方法對很多人來說還滿有效的。

拿出紙筆，把讓你生氣的人的名字寫下來，再寫下他們做了什麼事讓你覺得憤怒，直到現在還耿耿於懷。寫好之後，把這張紙撕成碎片，丟到垃圾桶裡。

藉由此舉，你將感受到自己可以選擇丟棄過往那些不好的事，也代表自己有能力把過去的傷害撕成碎片丟棄，進而重新找回歡樂和自由。

好好運用心智

人類有個很棒的大腦，但這就像是具有兩面刃的刀子：我們的心智若運用得當，會讓人獲得幸福快樂；反之，則會身陷負面情緒的泥沼。我們應該致力於如何維持平靜的情緒，正如印度心靈大師克里希那穆提所說的：「我的成功祕訣，就是我對任何事情都不執著。」

如果有人言行舉止極度不禮貌，我們不要輕易批判；如果有人說了傷人的話或做錯事，我們也應該保持平和超然的態度，不要受這些負面的事物影響。

具有耐心和憐憫之心

當我們碰上難搞的人時，只要把對方當作是一個又餓又累又耍脾氣的小孩。我們會因為同情心而比較能容忍小孩鬧脾氣，不是嗎？只要我們能夠認知到這些難纏的人就像小孩一樣，在不如意時就會發脾氣。

另外一個讓我們遠離批評的方法是，時時提醒自己，如果我們在同樣的情況之下，其實也會做一樣的事。告訴自己：「因為上天的恩典才能讓我免於跟他一樣。」每個人都是依照自己的既定習慣來思考、感覺，我們必須尊重他人自我表達的權利，正如我們也有同樣的表達權利。

利用清理內在的瑟多納釋放法

有個方法能夠幫助我們有效清除負面思維，重新掌握自己的情緒，那就是由萊斯特・雷文森創始的瑟多納釋放法。

首先，我們必須找出過去有哪些人讓你至今仍怒氣難消，又有哪些事（不管你是否曾做過這些事）讓你困擾至今。

然後，我們必須再自問兩個問題：一、你想要擺脫所有的負面記憶嗎？如果你的答案是肯定的，那麼再問自己第二個問題：你真的願意完全清除這些記憶嗎？

令人驚訝的是，有不少人並不願意忘掉過去不愉快的回憶。他們認為自己已從過去的痛苦中學到教訓，也為過去的痛苦付出代價，而這些傷痕累累的感受是自己以痛苦換來的，因此在內心深處他們不甘心就此放手。然而這些人不明白的是，一直緊抓著痛苦的感覺不放，事情就永遠不會結束。懂得放下過去的傷痛，才能把握更好的未來。

來做個握筆測試吧！

Exercise × 練習

在瑟多納釋放法裡有個簡單的小測試，讓我們明白自身跟負面情緒之間的關係。

首先拿出一枝鉛筆，用手掌緊握住筆，想像你已經緊握這枝筆好幾個小時、幾天、幾個月，甚至幾年了，然後感受一下你的手臂有什麼感覺。相信你會感到手臂無力、痠麻，甚至完全動不了。

當我們太過執著某些負面情緒，緊密依附著負面痛苦的想法或記憶長達數個月或數年時，結果就像我們緊握筆的手臂一樣，我們的心靈將會因痛苦憤怒而受傷。

現在把手伸出去，向下張開手掌，放掉手上的筆。然後問自己一個簡單的問題：是誰握住這枝筆的？答案就是：你，是你自己、你的手握住筆的。

第二個問題也很簡單：你是如何放掉鉛筆的？你怎麼讓鉛筆從你的手中掉下來？答案很明顯：你只要張開手指、將手放開，筆就會掉下去了。只要能放開，你就自由了。

用這個例子來比喻你該如何將生活中的負面事物拋諸腦後，是再清楚簡單不過了。你只要將手掌打開，筆就掉下去了；同樣地，你只要敞開心胸，就可以讓過去的負面經驗、不快樂的記憶完全消失。

掌控自己的情緒

心理學有個「控制點（Locus of control）」理論，這套理論發展至今已超過五十年。此學說是人格心理學的重要概念，主要觀點是指人們的行為取決於自身的控制觀。有著內在控制觀的人相信自己可以完全掌握自身的思考、感覺和行為；而外在控制觀的人則認為生活中大部分的事都不是他們能控制的，會受到外在環境、機會和命運的影響。

屬於內在控制觀的人，在接受考驗時傾向於讚美或歸咎自己的能力，因此他們比較容易感到幸福，有著健康的心靈，並且積極樂觀，在人際關係和生活上也比較容易成功。而外在控制觀的人在接受考驗時則會怪罪別人，將失敗歸咎於環境與時機，因此他們較容易感到挫折、沮喪、憂鬱、不快樂及暴怒，個性退縮悲觀，也較容易罹患心理疾病，人際關係則常出現問題。

當我們責怪他人時，等於把自身的掌控權交給別人，讓別人決定我們的情緒，進而放棄了內心的寧靜。

完全掌控自己的人生並培養出內在控制觀的關鍵方法，就是當你打算責怪批判他人時，就堅決告訴自己：「我也有責任的，我必須為此負責！」

負責任、自我掌控、擁有正面情緒，這些要素和幸福指數有著絕對的關連性，你對自己的人生及情緒所負的責任越多，就越能感受到自己對人生的掌控度，而且你的正面情緒也將越來越多。

翻轉負面能量的四大提問

掌控甚至翻轉負面情緒有效的方法之一就是仔細分析，進而找出問題與癥結所在。我們可以藉由詢問下列四個問題來釐清內心的紛亂。

但要注意，若在提問時仍生氣、不安、情緒失控，是無法好好把問題看清楚的。

問題一：「到底發生了什麼事？」

正確了解所發生的事，切忌把責任推給他人或責怪別人，要就事論事，確實釐清事實。

問題二：「是怎麼發生的呢？」

把自己想成是個正在收集證據的偵探，為了採集完整的事證，偵探必須保持客觀，先把焦點放在證物上，而不是急著找到罪犯。接著再問自己第三個問題，事情就會更明朗了。

問題三：「未來我可以做些什麼？」

把思考對焦在未來能如何改善，而非懊悔無可改變、已經發生的事情上，這樣能讓你更積極，也更能掌控情況。

問題四：「現在我可以馬上做些什麼？」

這個問題的答案很簡單，你要立即採取行動，可以改善狀況的任何行動都可以，就是不要繼續陷在自憐和悔恨中。行動能夠讓我們前進，悔恨只是原地打轉，哪兒都去不了。

現在，就找出一個你目前正面臨的難關，把上述的四個提問實際運用在這件事上，並且仔細觀察，在提問和回答的過程中，你有什麼收穫，又有哪些改變。

發現人生的意義和目的

意義心理治療法的創始人、心理學家維克多・法蘭克在其著名大作《意義的呼喚》一書中，提到對於生存的目的和意義的追尋，是人們活著最重大的動機。

人生的意義和目的，只有當我們全心對他人的人生做出貢獻和提升時才能顯現出來。汲汲營營只為自己著想的人，相信也不會對人生的意義產生質疑。

越愛自己的人，對這個世界的貢獻也會越大，一旦你發覺自己所做的事能夠帶給別人改變和意義時，你會覺得自己是強大到可以影響他人生命的人，並對此感到自豪。

我們能夠藉由練習來消除負面情緒，一旦負面情緒消失，留下來的就是正面情緒，而這些正能量將可以幫助我們度過所有人生難關。

對於如擔憂、恐懼、愧疚之類的負面情緒，要將之擺脫的最佳解毒劑就是從事一些能夠幫助別人、自己又樂在其中的事，如此一來，就不會有閒工夫去想過去那些不快樂的事。

當我們按部就班做著對生命有意義的事並逐步完成時，我們會覺得受到鼓舞，充滿正能量，也享受著人生。

第三章
揮別過去——寬恕的練習

我們發現，一開始人們會問：「為什麼壞事會發生在好人身上？」到後來卻會改問：「一旦發生這種狀況，我們該如何反應？又該怎麼做？」這種與原先所想截然不同的問題。

——美籍猶太教拉比、作家 哈洛德・庫希納（Harold S. Kushner）

我們應將快樂與自由作為今生所追求的目標，為達此目的，我們得學習一件件地丟掉絆住我們的負面情緒包袱。

首先，我們要了解寬恕。所有偉大的宗教都會強調寬恕是通往神靈國度的不二法門，無法原諒他人的人只會故步自封地困在原地，被過去種種包圍而無法前進，也無法提升至神靈境界。

今天的不快樂，源自於昨日的不開心

我們現在之所以感到心煩意亂、不高興，皆因過去某人或某事傷害了我們，可能是因為他們的過失，或者因此錯誤而造成的影響，導致我們至今還無法原諒別人加諸於我們的痛苦。接下來我們來探討一些常見的童年傷害，為何直至今日還會對早已成年的我們造成影響。

當我們年紀還小的時候，父母總是對我們關懷備至，他們照顧我們的飲食起居，接送我們上下學。我們隨時都覺得自己被無所不知、無所不能的強大手臂環繞著、保護著，也生活在一個理性、有秩序與邏輯的宇宙中。

根據瑞士著名心理學家暨兒童發展專家尚・皮亞傑在其著作《兒童的現實感建構》中所提到的，孩童在逐漸長大成熟到可以理解人類世界複雜的互動階段之前，他們對這個世界的期待是一個公平公正的社會，如果之後他們看到或體會到不公不義的事，他們會感到憤怒、沮喪，而這種感覺會一直持續到長大成人。

也就是說，許多負面的情緒產生，是源自於過去對事情有錯誤的期待。當事情不如人們所期待的那樣發生時，他們會感到憤怒、失望，而且會產生一種希望能立刻獲得補償或改善的幻想，但這往往是無法如願的空想，於是他們又會更加沮喪或氣憤。

對結果會抱持期待是正常的狀態。我們在評估自己的能力以及外在環境的情勢之後，通常會在心中對大概的結果預先有個底。如果我們一旦下定決心要完成某事，並且擬訂計畫按部就班執行，那麼達成目標的機率會是很高的，就是這種掌控感讓我們知道，對於未知的未來，我們是可以透過計畫逐步實踐理想的。但如果我們做好萬全的準備，結果卻還是不如預期，那麼我們心中的失望和沮喪可想而知。

情緒習慣，決定你的一生

根據情緒法則，我們所做所言都是由各種情緒——不論是負面或正面——所激發，而在我們的意識層裡，一次只能掌握一個想法。這樣的好處是，我們永遠都可以自由選擇想要讓哪個想法留住，哪個消失。

只要我們不斷重複做一件事，最後都將形塑成為習慣。我們日常所做所言所思及所感，大部分都會被我們的習慣（不管好壞）所決定。好習慣很難建立，但一旦建立後，我們就能輕易與之相處；反之，壞習慣很容易建立，特別是與情緒有關的習慣，但我們卻很難與之共處。

然而，取代法則也顯示我們可以利用正面思考來替代負面想法，藉由刻意去想些正面、快樂的事，來取代不愉快的想法。

讓正面思考成為大腦的預設模式

我們的大腦存在著兩種運作模式，分別是「成功」與「失敗」的運作模式。成功的運作模式會經由愛、寬恕等的正面想法啟動，並讓人專注在自己的目標上。但這些正面的想法需要持續、專注且刻意的努力才能獲得，絕非偶然拾得，想要就能擁有。

不幸的是，失敗的運作模式也是自動開啟，只要我們停止思考自己的目標，停止思考會讓自己快樂的事，失敗模式便會啟動，成為「預設模式」。

也就是說，如果我們不刻意去想會讓我們高興、振奮的事，那些令人不快的負面想法便會自動出現。幸而根據習慣法則，如果我們持續且有恆心地強迫自己把心智聚焦在正面想法上，最終這將成為我們的習慣，正面思考會變成我們的「預設模式」，並且讓人不論在工作或生活上都得心應手。

凡事只看好的一面

有一個好方法可以讓人快速從不如意的沮喪中復原，回歸到正常的狀態，那就是凡事都看好的一面。任何事的本質都是中性的，意義是由你賦予，但你的心態會決定你看待事情是好或壞。所以，即使事情不如預期，也要盡量從中找到優點，如此才能讓人保持冷靜和客觀。

或許這個方法有點老套和阿Q，但是往往老生常談的話是最有效、最正確的，差別就在於你能否做到，而做到的關鍵就是去相信它。如果一開始就對這種想法心

史坦博士的心靈診療室

為時間觀念而爭執的夫妻

有一對夫妻，兩人為了先生能否準時回家吃飯產生嚴重的爭執，因而前來找我諮商。

妻子表示，她很重視先生有沒有準時回家，只要先生告訴她幾點回家吃飯，她便會精準地掌握煮晚餐的時間，然後在她先生回家時就立刻把飯菜端上桌。

相反地，做先生的就比較沒有時間觀念，他總是給個大概的時間。比如他說七點到家，太太會認為就是七點整；但對先生來說，這代表是在七點到八點之間，而這樣的差異造成他們之間很大的衝突。

為了幫他們解決紛爭，首先我得先協助他們釐清兩人對時間觀念的落差。我先讓做妻子的了解她先生所提出的時間通常都只是個大概的數字，因為工作的拖延，或其他因素，她先生很有可能無法準時到家，而她必須接受這種狀況。

另一方面，我則告訴先生，他必須理解老婆的期待和難處，以後應該告訴太太大概幾點到幾點之間會到家，而不是只告訴太太一個準確的數字，否則對方就會期待他會準時在這個時間回到家。

他們兩人回去照做一段時間後，彼此的關係大大改善了。妻子仍然會在先生回家之前把晚餐準備好，但是已經能夠理解先生會延遲的可能性；而丈夫則盡量按時回家。在回家之後迎接他的不再是怨氣沖天的老婆後，歸心似箭的心情也讓他變得更守時了。

懷成見，覺得任誰都知道的簡單道理怎麼可能有效，抱持這樣的觀念，就無法讓這個道理產生效果，也失去一個讓自己變得更好的機會。因此，不要想太多，先試著做看看，奇蹟就會發生在日常生活裡。

增強心理彈性

保持開放的心胸和增強心理彈性，能讓我們隨時準備接受事事無法盡如人意的現實。

兒童在成長過程中，逐漸知道人生並非黑白分明，而是在黑白之間有許多的灰色地帶。有時候事情會進展得很順利，有些時候則不，人生就是一連串的起起伏伏。而為人父母者也不總是做正確的事，他們也會犯錯。

不過有些小孩的心理成長卻停留在某個階段，某個他們認為是世上所有事情都必須公平、公正，始終不變且可預期的階段。即使長大成人後也是如此認為，一旦事情不如自己所期待，沮喪、生氣、悲傷的情緒便油然而生。

還有一個方法可以增進我們的心理彈性，那就是降低期望，降低對那些總是事與願違之事的期望，如此一來，往往事情反而會成功。

舉例來說，我的客戶裡有很多家庭與工作兩頭燒的職業婦女，她們總有忙不完的事要做，而且自我要求很高，常對自己的表現不滿意，自覺不是稱職的妻子、媽媽或員工。在這種情況下，最快的解決之道就是降低標準，不要比較，減少給自己的壓力，而且一次只做一件自己做得到的事。

認清人類的不完美

沒有人是完美的，也一定會犯錯，會耍心機，會做無理、不聰明、愚蠢和殘酷的事，這就是我們所處的世界。如果期待事事順心如

史坦博士的心靈診療室

遇到困難的好處

人們往往得經過挫折與失敗的考驗，才能真正認識自己。唯有在逆境中，才能分辨什麼是對自己最重要的，進而在挫折中讓自己站穩腳步，再接再厲。

看看自己目前的生活，先檢視自己失序、不快樂的生活，然後從中找到好處，發現優點。拿破崙．希爾曾說過：「在每個問題和困難之間，藏著極大的好處和優點。」那麼，我們何不開始挖掘這些寶藏呢？

意，結果只會得到必然的沮喪和懷疑，但還是有很多人不自覺地懷抱著不切實際的幻想。

正如前面所言，不少人在成年後對世界的看法仍停留在成長期的某個階段，他們所認為的世界應該是公開透明、公正的，一旦他們發現在社會中需要妥協、調整，憤怒、失望的情緒會讓他們固執己見，凡事都一定要依照自己的規則行事，又或他們會鼓吹其他人爭取自己想要的，就是這種態度造就了許多政治活動和政客。

活出寬恕的療癒力

寬恕是讓過去的事情就此過去的關鍵，也是我們轉變為成熟大人最重要的一步。強烈的負面情緒會壓得人喘不過氣來，而發怒時所說的話，更可能傷人又損己。有位喜劇演員就曾說過：「我從來都不積怨，因為一旦我心存怨恨，這些怨就會群魔亂舞。」

我們的時間分成現在和過去兩部分，此刻只介於過去與未來之間極短暫的片刻，不要把現在的時間浪費在過去無法改變的事情上，以生氣不滿來度過轉瞬即逝的現在，並影響到未來，這樣對自己可是一點好處都沒有。讓過去真的過去，珍惜現在，把握現在，未來還有許多可能性等著我們去創造。而未來會變成什麼樣子，端賴現在我們做了什麼而定。

人生就是這樣，從小到大我們會犯過無數的錯，碰到各種麻煩，遇過各種類型的人……等，這些都是正常又自然的人生經歷，但重點在於你在這些歷程中有沒有學到教訓？有沒有寬恕對方進而放過自己？還是讓這些事不斷累積而讓自己被困住？

我們可以看到，那些自信、充實、豁達的人，比較容易原諒別人，這是因為他們不太計較生活中那些無需掛懷的衝突和矛盾，這樣健康的心態也讓他們獲得了所期望的幸福人生。

原諒別人，就是放過自己

有些人認為寬恕是幾乎不可能做到的事，他們所持的理由是：如果我們原諒他人，不就代表他們所做的不是壞事，又或是代表幫那些傷害他人的人脫罪？

不過，事情應該這麼看：寬恕無關他人，寬恕只跟自己有關，寬恕其實是完全利己的行為。因為原諒他人就等於把自己從負面情緒與怨懟中解放出來，並且藉由寬恕對方的行為，讓自己不再受對方過去的舉動而影響現在的生活，也讓自己從受害者變成勝利者，進而能創造充滿希望的未來。所以原諒別人並不是幫他人解脫，而是讓自己脫困。

綠色按鈕VS紅色按鈕的寬恕練習

我的朋友吉姆・紐曼會定期舉辦一場為期三天、針對個人成長的工作研討會。在活動中，他會要求與會者想像自己的胸中有兩個按鈕，一個是紅色，一個是綠色。每當有人按了綠色按鈕時你會高興、微笑，而有人按了紅色就會生氣並想打他一頓。綠色按鈕代表快樂的回憶和你所鍾愛的人，例如你的配偶、子女等，而紅色按鈕則關連到不好的回憶或曾傷害過你的人，只要一提到這些人，你馬上就會憤恨難消。

這個練習主要是讓我們藉由重新替這些按鈕接線而完全掌控自己的情緒。重新接線的方法很簡單：只要一有人碰觸到你的紅色按鈕，你就開始想一些正面愉悅的事情，取代負面的事，透過不斷的練習，你的負面關連就會變得越來越弱，最後消失無蹤。

例如，當有人碰觸你的負面紅色按鈕時，你可以告訴自己「願上帝保佑他」或「我原諒他了」、「我希望他一切安好」，然後就把這些不開心的事丟開，把心思放在其他事情上。

因為當我們專注在正面的事情上時，負面的念頭就無法出現，就算負面情緒湧上心頭，我們也沒有時間繼續往下發展。要設定正面思考取代負面想法最簡單的方式，就是當那些不好的回憶或傷害我們的人被提及又或出現在腦海裡時，我們就馬上告訴自己：「我會原諒祝福他（她），並且忘記這件事。」

我一再強調，在我們腦海裡一次只會出現一個念頭，不管時間長短，一旦我們心存正面念頭，負面想法便沒有空間存在。當然，要一直持續正面思考是很難的事，不過，依據習慣法則，只要我們持續練習，習慣會成自然，日後正面思考便能自動出現。

如果我們在心中祝福某人、原諒某人時，是不可能同時存在著憤怒的。當我們心中一再重複正面的話語時，最後會發現，當按下心中的紅色按鈕時，原來連接到負面的情緒已經不見了，你已經全然忘記讓你生氣的人和事了。這實在是很神奇，大家都應該試試。

Exercise × 練習

放下的練習

我們在生活中見過很多「願意原諒自己，卻不願意原諒別人」的自私人，（或許你就是其中之一？）認為自己的痛苦才是最痛的，別人的錯誤就是罪該萬死。這些人的人生，一定時時刻刻都處於憤怒之中吧？

現在，就列出三至五個你至今對他們仍心存怒氣或恨意的人，分別想著這些人，並在心裡對這些人說：「我選擇放下這件事，放下你。我原諒你了。」像這樣，學會放過、原諒別人與自己。

寬恕的過程

在我所舉辦的研討會裡，都會一再強調寬恕的重要性，幾乎所有與會的人也都同意這點，並承諾回去後會原諒那些曾傷害自己的人。可是，只要他們再次想起那些人，心中憤怒、不愉快的情緒就再度升起，阻礙他們實踐寬恕的承諾。

相信大部分人都會同意，我們應該原諒那些曾傷害過我們的人，不過要做到還是有難度。就是會有那麼一個人讓你無法輕易放手，你在內心會緊緊抓住某人，就像玩牌的人緊握住一張王牌不放一樣。不過，就是這麼一個人、一件事，你不願放手所產生的負面情緒，就足以破壞你的快樂、幸福、健康和願景。

為了能夠確實做到寬恕他人，我們必須先了解有四類人是一定要原諒的，否則我們將無法放開心胸，讓自己快樂。這四類人分別是：父母、過去的情人、曾經傷害過你的人，還有最重要的——你自己。

一、父母

父母是我們首先必須原諒的人。許多人在長大後仍然因為父母在成長過程中對他們做了什麼或者沒做什麼而耿耿於懷，他們希望雙親的所作所為能夠符合一般人心目中好父母的形象；但很遺憾，很多父母並非如此，因此這些人一直對父母懷有怨氣。

我曾在佛羅里達州奧蘭多的一場研習會中，和一名叫比爾的成員午餐。他告訴我，上週他和離婚多年的前妻蘇珊共進午餐。雖然他們仍心有嫌隙，但因為有兩個小孩，所以彼此還是得偶爾見面討論孩子的事。那天，對方的一席話讓他感到極為驚訝。

當比爾告訴前妻她是多麼愛批評和抱怨，他前妻則回說：「如果你有個愛抱怨和批評的媽媽，你也會跟我一樣的。我媽在我青少年時期老是批評我。」「蘇珊，妳已經有二十五年沒有跟妳媽同住一個屋簷下了，身為成年人的妳還要拿妳媽當作自己問題的藉口多久！」比爾這麼回答前妻。

這就是許多人的現狀。在多年之後還困在父母過去所造成的傷痛中，甚至父母都已不在人世，這樣的情緒仍然困擾著他們。因為他們的身體雖然長大成人，但是心理還沒長大，還是過去那個受傷、沮喪、生氣的小孩，認為自己是受害者；更糟糕的是，他們還會把這股怨氣發洩在配偶或小孩身上。

所以，我們第一個必須原諒的人就是父母。不管他們是生是死、同住一起或相隔遙遠，你都必須無條件原諒他們，原諒他們曾對你造成的傷害，然後對自己說：「我原諒他們，祝福他們，希望他們健康安好。」

還有一點很重要：我們必須體認到，父母總是盡其所能、傾其所有地養育小孩。他們剛為人父母時也是新手，也是依照自己被撫養長大的經驗來養育自己的小孩，正如同他們的父母也是傳承自父母的方式一樣，他們的養育知識都是一代一代傳承下來的，這也是他們知道唯一的教養方式。

他們和你我都一樣，都不是完美的人，也都會有疑慮、恐懼和思慮欠佳的時候，他們把你帶到這世上來，以自己唯一知道的方式盡可能把對你的教養做到最好，我們實在沒有道理苛責他們。

下次當你想起父母對你的傷害時，想想如果他們知道自己所做的事會對你造成這麼大的傷害，他們會是多麼難過啊！大多數的時候，父母都不是有意要傷自己小孩的心，也不知自己的舉動已經造成傷害。正如你也不會覺得自己有可能傷害自己的小孩一樣，你的父母也是如此。

所以，你必須原諒父母在養育你的過程中無意鑄下的錯誤，讓他們解脫，也讓你自己自由，如此你才能成為健全的成年人，才算是真正的長大。

如果你和父母還有往來，那麼找個時間坐下來好好談談，了解他們當初之所以那麼做的原因，這會讓你對事情有更全面的看法。一旦你知道你父母的立場和想

史坦博士的心靈診療室

如何面對自認為不偏心的父母？

我有個朋友從小就覺得父母比較疼愛姐姐，他們跟姐姐就是比較親密。對此，她深感受傷。她努力希望博得父母的認同和接受，但她就是沒辦法跟姐姐一樣得到父母那麼多的關愛。長此以往，她開始懷疑自己是不是哪裡做錯了，否則父母為何不能給予和姐姐一樣的愛呢？

有一天，她終於忍不住了，跑去詢問父母為何他們對姐姐總是比較好，她到底做錯了什麼。她父母聽到這個抱怨後驚訝得說不出話來，他們從來不覺得有比較疼愛哪個小孩。她父母告訴她，他們對小孩都是一樣的，並沒有特別偏袒誰。

當晚，她回到家後，領悟到她父母或許永遠都不會承認自己有所偏袒，也不會做任何改變，但是她把長久累積的不滿告訴父母，這樣做已經讓她得到解脫，雖然他們矢口否認，但至少他們願意聽聽她的想法，這樣就夠了。

法，這將改變你長久以來自認為的態度和立場來看待事情。為了能順利讓父母說出心中的想法，你必須姿態放低點，以真誠且正面的態度面對他們，千萬不要咄咄逼人，這樣只會把事情弄得更糟。

一旦你原諒了父母，就等於往前邁進了一大步，你已經做到許多人都做不到的事，而寬恕也會讓你得到解脫，讓你展開幸福平靜的新旅程。

Exercise×練習

寫一封原諒父母的信

如果你和父母的關係非常糟糕，糟到無法溝通，那麼你可以寫一封信，把你認為父母對你有所傷害的地方，或讓你覺得不開心的事情寫下來。

在信的開頭你可以這麼寫：「我想要原諒你在過去對我的傷害，你對我做了下面的事而讓我過得不快樂……」然後在信的結尾寫上：「現在我已經原諒你的種種所作所為，而且，我愛你們，希望你們一切都健康安好。」

二、原諒過去的伴侶和情人

第二類你必須原諒的人，就是在過去關係中所有的伴侶或情人。在親密關係中我們往往顯得特別脆弱，因為愛情的激情和痛苦，讓我們所做所言都毫無防備地呈現在對方面前。在激情和興奮中，我們總是全心全意投入，因此，當愛情無法修成正果而分手時，我們會完全無法接受，所有的負面情緒紛紛冒出來。我們會氣憤、愧疚、嫉妒和怨恨，也會批判、合理化事情，還會責怪、批評、譴責……等等。

如果不好好控制自己的負面情緒，很有可能就會被這些情緒逼瘋，或者掉進爬不出來的情緒黑洞裡。

所以想要人生下半場能夠幸福、快樂、順利，首先就必須擺脫這個困境，甩開這些負面情緒。

事實上，如果你對對方仍心存企求，那麼想要掌控情緒更是難上加難。在心理學上我們稱為「殘缺的行動」。對於逝去的感情若未能處理妥當，會讓我們心中不平靜，比較糟的情況是其中一人還愛著對方而仍抱著一絲希望，但另一人則已經往前看不再留戀過去。在這種情況下，被拋棄的那個人心中必定滿是難過或怨恨，認為自己不被珍惜、沒有價值，又或覺得自己配不上對方等，內心有五味雜陳的複雜情緒。

與其抱怨他人在過去關係中做了什麼或沒做到什麼，不如先自我檢討是否也要為關係破裂負起責任。還有，如果你認為這是一段錯誤的關係，那麼自己當初為何還要繼續身陷其中？又為何至今仍無法放下？是不是自己識人不清？是不是早就該離開？這些都是自己要扛下的責任，無法都推諉給別人。

有個研究調查團隊在調查數千對已婚的配偶中發現，有百分之三十八的人在接受婚前諮商時，曾坦承自己並不想和對方結婚，覺得這個婚姻會是個錯誤，但是為了家人和朋友的期待，他們還是選擇了結婚。

這個調查結果告訴我們，絕對不要因為害怕親朋好友的看法或在乎他們怎麼說，而選擇繼續維持一段糟糕的關係。最終你會發現，根本沒有人在乎你要不要結婚了。即使你的婚後感情變淡變乾枯，他人在意的也只是「午餐要吃什麼」這種日常小事。

其實我們有時候也應該要自私地為自身的幸福著想，做對自己有利的事，而不要受別人的想法所影響。既然我們不可能讓所有人都快樂，那麼就先把自己的快樂擺在第一位吧！

有不少人在經歷一段糟糕的婚姻或在離婚後，仍然氣憤難平長達數年甚至數十年之久，怪罪對方沒有好好經營婚姻，或者對於婚姻的結束仍然耿耿於懷，無法面對。沒有人在一開始結婚就想搞砸的，每個人在新婚時都懷著夢想、希望和理想，只是後來大家都變了，婚姻不再像當初所設想的那樣美好，最後很遺憾是以離婚收場。但會演變成後來這種結局，誰都沒有錯。

在電影《心靈捕手》裡，麥特戴蒙飾演的主角威爾，告訴心理醫生西恩（羅賓威廉斯飾演）他的慘痛經歷時，西恩告訴威爾：「這不是你的錯！」威爾回應：「喔，當然囉，我知道。」但西恩又再度跟威爾強調：「這不是你的錯！」這時威爾才把話聽進去，明白不管童年發生了什麼事，事情有多悲慘，這些都不是他的錯。藉此，他方從過去的糾結中解脫。這一段劇情非常感人。

同樣地，兩個心靈相通的人就是能夠互相包容才會結婚，如今彼此變得無法相處，這不是誰的錯。就像天氣就是變糟了，沒有什麼好說的，只能接受。

所以如果你現在還處在離婚或分手的痛苦中，勸你必須馬上放手，不要再執著希望有一天可以破鏡重圓，否則你將無法重獲自由，也無法繼續自己的人生，更無法快樂。

有不少案例顯示，一旦一方展現為曾經發生的事負責的誠意，並原諒對方所造成的所有傷害，另外一個人也會跟著改變，心中的敵意會隨之消失。

所有的負面情緒都會抹殺了我們心中的美好回憶。有不少人告訴我，在自己或伴侶寫了第一二五頁練習中的信後，彼此的關係改善很多，不再怒目相向充滿敵意，變得能互相體諒，並共同為小孩的教養盡力。

如果你做不到寄一封坦誠的信給對方，那麼你可以在寫完之後把信撕掉。不過把信寄出去是很重要的儀式，它可以讓你心中的想法讓對方知道，並且信中的宣言是無法回收後悔的，這也代表自己非做到不可的決心。

Exercise × 練習

寫一封原諒伴侶的信

一旦你在一段感情中真的放手了，就坐下來寫一封信給對方，以此作為結局，這是非常有效的方法，能夠讓你從中獲得解脫和平靜快樂。

在信的一開頭你可以寫：「很遺憾我們的婚姻（關係）沒能有好結果，我必須對這段關係中所犯的錯誤完全承擔起必須負的責任。」接著再寫：「我也原諒你對我所做的那些讓我覺得受傷的事（有些人會詳列哪些事）……」最後寫上祝福：「我祝福你一切安好。」

然後把這封信寄出去。一旦你寄出這封信，一切都不能回頭了，只能勇往直前。這時你會發覺肩頭的重擔已經卸下，你會覺得自在、快樂、平靜。

或許有人會擔心，萬一對方收到這封信誤解了你的意思，而想要復合怎麼辦？答案很簡單，寫這封信的目的是為自己，其實是種寫給自己的宣言，別人怎麼想那是他們的事，你不用在意他們是否高興、懷疑或不安，那都不關你的事，一切都結束了。人偶爾也要為自己，也要自私點，最終你才會獲得自由。

三、過去曾經傷害過你的其他人

第三類你必須原諒的，就是在過去曾經傷害過你的其他人（除了上述之外的其他人）。

你要原諒你的手足，原諒他們在共同成長的歲月中，可能欺負或霸凌過你；你要原諒過去曾經對你很糟或開除你的老闆們；你要原諒你的工作夥伴或者合夥人，原諒他們曾欺騙過你。也就是說，你要原諒過去在人生中曾經對你不好或傷害過你，讓你至今仍耿耿於懷的所有人。

不過要記住，你這麼做並不是為了他們好，而是為了自己著想。你不必告訴對方你已經原諒他們了，只須在心中悄悄地原諒他們即可。任何時候只要你想起這些人，便在心中對自己說：「願上天祝福他，我已經原諒他，希望他一切都好。」只要你心中浮現怨恨這些人的想法，就要馬上以祝福取代之，也不要再跟朋友討論這些人，否則只會加深你對這些人的負面想法，妨礙你的自我成長。久而久之，這些人出現在你腦海裡的次數會越來越少，最終你將完全忘記。

四、和自己和解，獲得人生最大的自由

第四個我們必須寬恕的人就是自己。如果前三項你都有勇氣做到，那麼接下來就輪到原諒自己，寬恕自己，千萬別跟自己過不去。

我知道有不少人終其一生都在後悔自己曾犯下的錯，可能是年輕時使壞，或一時衝動不經思考犯下錯誤，也可能是冷酷無情地對待他人，又或造成別人金錢或工作上的損失。現在你覺得後悔，這些過去的錯誤成為你的人生包袱，這些負面情緒讓你無法過更好的人生，無法展現自我、發揮潛能，也拖住你往前進的步伐，讓你

在原地打轉。

從現在開始，你必須體認到現在的你已經不一樣，你已經不是過去那個你，你已經從失敗中記取教訓，變得更有智慧，更懂得思考和反省。現在的你已經不會再做那些事了，所以不要再為那些過去的錯誤懲罰現在的自己。悔恨自責不是負責的表現，而是會拖垮自己的懦弱。告訴自己：原諒自己才能撫平傷痛。我原諒自己過去的所作所為，過去是過去，現在才是重要的。

事實需接受，問題靠解決

「事實」和「問題」這兩者的差異在哪裡？「事實」是你無法改變的事，例如年紀是事實，這個世界究竟有多大是事實，這些你都無法改變，是毫無疑問的存在，所以不要再為這些無法改變的事實傷腦筋或不快樂，能做到這點就是改變的關鍵。對無法改變的事生氣是沒有用的，徒然浪費時間和精力，你只能接受，然後繼續過日子。

那麼什麼又是「問題」呢？「問題」就是在你的人生道路上必須克服解決的

史坦博士的心靈診療室

與其耿耿於懷，不如放過自己

許多人仍然對過去發生的事耿耿於懷，無法放手，這些事可能是不好的童年經驗、一段糟糕的婚姻，又或一個爛透了的工作經驗抑或是慘賠的投資失利。不管是哪種，都因為自己無法原諒和放手，導致困在過往裡動彈不得。

看看下面這段敘述。

你偶遇某人，和對方聊起天來。你問他：「最近好嗎？」

他以不太自在的表情回應：「還可以，可是我還在為一件事生氣。」

「什麼事？」你問道。

「是這樣的，五年前的某個週六晚上，我們全家高高興興地準備了野餐盒，打算隔天出遊，結果週日整天都陰雨綿綿，害得我們的野餐計畫只好取消，我到現在都還在為這件事生氣。」

聽到這裡你肯定心裡會頗為驚嚇，這個人八成是頭腦有問題需要看醫生了，一個正常人怎麼可能為了五年前下的一場掃興的雨一直生氣到現在？這太扯了。

然而，我們對已經過去的事情過度執著，其實某種層面來說，荒謬的程度跟我所舉的這個例子是一樣的。只要跳開一段距離來看，你就能感受到這類事情的荒謬、不可思議。

事，也是你能改變及解決的事。例如一個未達成的目標就是懸而未決的問題，你可以把精力用在解決問題上，然後努力想辦法達成目標。

正如之前我提過的，我們的人生分為過去和未來，現在是短暫的片刻，我們究竟要把短暫的瞬間花在無法解決的「事實」上，還是處理可能改變我們人生的「問題」？

「事實」屬於過去的時空，「問題」是未來的時空。過去的事無法改變，除非我們有穿越時空的機器，那麼未來就還有機會修正或改變，產生你想要的結果。但顯然這是痴心妄想。然而卻有許多人仍過度執著未來，對於結果太擔心焦慮，一旦發現事情並非如自己所願照著計畫走，便害怕失敗而不敢採取任何行動，這種矯枉過正的態度，就是造成人生停滯不前的最主要原因。

Exercise × 練習

當自己的治療師

回想過去你曾發生最糟的那件事，或是會引發你覺得愧疚、憤怒或不值得的那件事。當你想到這件事時問問自己：當時是在什麼狀況下發生得？發生時的經過又是如何？如果現在有台時空穿梭機，讓你可以回到過去和當時的你碰面，你會對當時的自己說什麼？你會提出什麼樣的建議？現在的你又從過去那件事裡學到什麼有用的教訓？

然後，把這些想法告訴至少一個人，不管是多麼丟人尷尬的事都要說出來。在分享的過程中，你同時也讓自己獲得解脫。

人格發展的四階段

一個人想要獲得幸福自由的人生之前，必定得先經歷下列四個人格發展的階段：自我坦誠、自我察覺、自我接納、自我尊重。

當你完成人格發展的四階段後，你也應該鼓勵你的親朋好友跟你一樣體驗這個歷程。當朋友對你坦誠心情時，你要表達正面的支持，不去評斷是非對錯，這對他們將會受益無窮，當然對你來說更是個學習的好機會。

一、自我坦誠

自我坦誠是開誠布公地坦承自己所犯的錯誤、所害怕的事物、曾做過的懦弱無能之舉，以及你深藏在內心黑暗角落的事。只要把這些事情毫無保留地告訴一個你所信任的人，這就是自我坦誠。一旦你這麼做之後，會發現這樣做並不如你所想像的那樣可怕，反而是種解脫。

二、**自我覺醒**

當你對他人坦承自己的不堪往事時，你會驚訝地發現，別人並不會對你的自白有負面的反應或是任何批判，這時你對自己也會越來越具有洞察力。

蘇格拉底曾說過，我們唯有透過和他人或自己的對談才能有所學習。透過陳述自身的想法與感覺，連結自我更深的內在覺醒，我們就越能面對真正的自己，度過心理難關。

三、**自我接納**

自我接納不僅是指接受自己人格中的優點、長處，更要接受自己的缺點與不足。當你擁抱真實的自我，能接受自身所有優劣特質時，你會懂得如何愛自己，進而也懂得愛別人。

四、**自我尊重**

最後到達的是人格發展的最高階段——自我尊重。

自尊的基礎是自我接納，能夠自我接受。覺得自己是個好人才會愛自己、尊重自己；能夠珍惜自己、覺得自己是重要的人，也能喜愛別人，並受他人喜愛。

最後一步：讓自己解脫

在這四個階段完成後，還要跨出最後一步：讓自己解脫。你需要鼓起勇氣，對過去你曾傷害過的人說抱歉。

匿名戒酒協會的十二步驟療程，對酒精上癮者的戒除和治療非常重要且有效。在這十二個療程裡的中心思想就是坦承和負責。對過去所犯的錯誤、所傷害的人負起責任，向對方道歉，就是宣示你已揮別過去，準備再次出發成為全新的自己。

道歉其實很簡單，只要拿起電話打給那個你應該道歉的人，告訴他說：「嗨，你好，我是×××，我打來是要跟你說對不起，為了過去我所做的事道歉，希望你可以原諒我。」對方的反應其實不重要，也許他會生氣掛電話，不過大部分的狀況是，他們會說：「我很高興你打來了，我接受你的道歉，也許哪天我們可以聚聚喝杯咖啡。」我見過無數的案例，已經疏遠多年的兩人，因為一通充滿誠意的道歉電話而盡釋前嫌，再度成為好友。

即使結果不盡如人意，不過道歉的重點在你做了這件事，你負起了責任，而不是要在乎對方的反應。

當然最好是可以當面道歉把話說開，或者親自打通電話，再不然寫封道歉信也行。道歉的關鍵技巧在於不要拚命說自己的想法或是替自己辯護，這麼做只會讓情況毫無進展，無法改善問題，所以只要說聲「對不起」，展現你願意負責的誠意，這樣就足夠了。最後，如果有必要的話，也可以賠償或補償對方因你而造成的損失。

在人生的道路上，我們都會犯下不少錯誤，但是心懷慈悲，願意寬恕別人也懂得原諒自己，我們就能痊癒。

第四章 改變想法，就能改變人生——重新設定你的思維模式

我始終相信，不管降臨在我身上是好運還是厄運，我永遠都可以透過自我詮釋讓它們變得有價值。

——德國詩人、小說家　赫曼・赫塞

對於發生在你身上的事，重點不在於你的感覺，而是你如何看待、如何反應。如果一件令人憤恨不平的事發生在不同人身上，有人的反應會是拿起它、放下走、忘記它，然後繼續自己的生活；而有人則可能是抓狂、生氣、怨恨，對這件事

耿耿於懷好一陣子。相同的事，卻會讓不同的人產生全然迥異的反應，這是因為不同的認知就會令人滋生不同的情緒，進而影響人的行為。

唯有「思考」才能賦予事件意義。所以，要把過去發生的事，從負面想法變成正面觀感，且讓自己從不堪回首的經驗裡解脫的最快方法，就是重新解讀及詮釋過往。根據潛意識法則，只要以正面想法取代負面情緒，效果立竿見影。如果你希望能夠改變目前的處境，解決之道或許是讓自己成為不同的人。

解除童年的身心枷鎖

要做到上述的「重新詮釋過往」，可以先「從不同角度看待童年時不快樂的事」開始做起，以正面的態度重新解讀過去，把不好的事轉念變成好的，如此你將會有全然不同的感覺。

童年經歷會形塑一個人的個性與價值觀，成年後我們可能因此樂觀、陰鬱、自信或自卑。那段記憶如果像揮之不去的惡夢，不斷把人捲進痛苦的情緒深淵，壓力將毒害身體健康與人際關係，讓不幸持續下去。

然而，給自己一個快樂的童年記憶永遠都不會太遲，即使你已經長大成人。

印度教徒相信輪迴，人們今生的成果取決於前世的修為。在不斷投胎轉世的過程中，人們透過修練、救贖和與較高靈體融合的經驗，可能是往上晉升至較高的階層，又或者往下沉淪至較低的層級。

而輪迴的終極就是達到涅槃境界，這代表靈魂在人世間已經臻於完美，不需要再輪迴修練，擺脫生生世世的轉世，完全自由解脫了。

不管你是否相信輪迴之說，但藉由下面的練習，你可以試著想像返回童年，重新看待過去發生的事。

現在，先想想你的父母，他們從小到大帶給你哪些影響？給予你最重大的支持和最傷人的打擊是什麼？

接著，再想像下面的場景：你身在宇宙的某處，在那裡，你可以挑選來世的父母。那麼，你將會如何選擇呢？

我們在選擇父母時有兩個目的，一個是借助親人，創造改變的力量，來面對生命中的困難；另一個則是面對你的人生課題，讓你在完成後可以進化成更好的靈魂。

來到這個世界上的每個人都是重要人物，我們的人生都有一個核心價值是需要靠我們自己去尋找，藉此了解自己在宇宙中所占有的地位。不論這個生命的價值最終是大或小，但每個人都和其他人一樣重要。

所以，現在再回到上述那個假想的場景，思考你會如何選擇你的父母。好好花些時間去想想那個讓你做出選擇的原因究竟是什麼，自己想從中得到什麼力量，又該如何面對能讓自己成長的課題，而不是讓過去的陰影來決定你將來要過什麼樣的人生。當得出答案後，你就可以開始主宰並創造出你想要的人生。

接受自己、接受自己所挑選的家庭，將會是自我成長的一大進步。相信你會發現，這所有的一切，都是你今生必須學習的課題。

宇宙中愛你的強大力量

另外，以下還有個強效的練習，大家也可以做看看。

想像在宇宙裡有一股力量，會在冥冥之中幫助你，這股力量會關愛你、為你的幸福著想，希望你完滿健康，希望你成功富足。

這股神奇的力量知道你能到達更幸福快樂的境界，只要你學會一些基本的人生課題；而且它也知道人類總是有些任性的天性，如果不讓你吃點苦頭你是學不會教訓的。這些事你無法藉著閱讀或觀察別人的經驗而學會，你必須親自經歷各種痛苦，才能學到人生中必須學會的課題，並從中獲益。

所以，為了引導並訓練你到達更高的境界，這股宇宙神奇的力量會給予你一些磨難、苦痛，藉此讓你從中學習，並得到啟發。

諾曼・文生・皮爾[1]就曾經說過：「上帝所賜的美好禮物，往往都是用『苦難』來做包裝。你收到的禮物越好，麻煩就越大。」

人生就是一個面對問題並解決問題的過程。當你回頭檢視過往人生中所遇到的困難時，如果把它們想成這是藏著寶藏的禮物，你會發現你看事情的角度全然改觀了。原來我們的精神、心靈、生命力在遭逢挫折磨難後之所以越來越強韌，就是苦

---

1. Norman Vincent Peale，著有《向上思考的祕密》，該書在出版當年蟬聯排行榜第一名長達一年之久，至今已翻成四十多種語文，銷售達二千萬本。

難所賜予我們的禮物。但是大多數人的問題就是當他們碰到麻煩時，只會抱怨並責怪他人，而無視於深藏其中的寶物。有時候只要心念一轉，許多苦難就能成為通往成功的墊腳石。越是經歷過困難，就越能體悟人生。如果人生一直都很順遂，那不就失去人生的意義了嗎？

Exercise×練習

失敗的正面意義

一般普遍都認為輸了就代表失敗，贏了就代表成功，但成敗只是一時的結果。如果成功是終點，失敗只是到達終點的途徑，就像愛迪生所說：「不，我並沒有失敗，我已成功地發現一千兩百種不適合做電燈絲的材料。」

現在，列出三個在你人生中曾遭遇的挫折和失敗，透過不同的角度重新詮釋這些事。

找出其中隱含的學習課題，想想老天爺究竟要透過失敗傳達什麼訊息給你？尤其是這些事如果還涉及他人時，你更需要問問自己：我能從中學到什麼？我能從中獲得什麼？

重新建構你的經驗

每次我們重新詮釋自己的過往經驗，不管是問題、困難，或是挑戰、機會，我們都將逐漸養成找出事物優點的習慣，也會在阻礙困境中看到正面的好處和價值。更棒的是，當我們在試圖找出優點的同時，心智會一直保持在正面樂觀的狀態中，情緒也會維持平和與穩定，因為焦慮和壓力在此時已被積極的目標所取代。

新思維的精神領袖艾米特・福克斯曾說：「偉大的靈魂可以從小問題中學到大學問。」不快樂的人生無疑會面臨一連串無止盡的問題、困難和挑戰，就像海浪一樣不斷拍打岸邊，從不停止，只有強度會增加或減弱。唯一能暫時中斷的時間就是危機產生的時候。如果你過著積極活躍的生活，那麼可能兩到三個月就會產生一次危機，可能是身體健康的危機、財務危機，又或是家庭、個人危機。

危機就像天災，是自然產生的，即使你什麼都沒做還是可能會發生危機，那是無法預測、不可逆轉，也無法防患於未

史坦博士的心靈診療室

換個角度看人生

我曾經協助過一位男性客戶，長期以來他的生活中只有工作，無法好好享受工作以外的人生，而且他看事情都是從悲觀的角度出發，凡事對他來說都是負面的，只要事情一出錯他就會自責，認為問題就是出在他的人格弱點上。

針對這個案例，我協助他重新詮釋自己的經驗，也重新建構他看事情的角度。他必須學會事情就是會發生，跟他的性格沒關係。而且所有發生的事情就是提供他一個絕佳的成長機會。

我告訴他，要學會從不同的角度看事情，而改變角度的祕訣就是：把焦點放在事情的未來潛力、價值上，把挫折視為機會，然後遠離會令你生氣的事物。

當他以正面積極的態度取代消極悲觀的心態後，他在工作上挫折的忍受度大大增加，工作能力也提升了。因為工作效率增加，他不用花過多的時間在工作上，生活品質也獲得改善。由此可知，改變想法和看事情的角度，就能改善我們生活中的大部分問題，我相信所有人也都能做到。

然的。每個人面對危機的差別就在於你能否有效面對與處理。既然我們至少每三個月就會有面臨危機的可能，那麼很可能現在你不是正處於危機中，就是剛解決危機，又或即將面臨危機。

面對危機首先你所要做的就是深呼吸，保持冷靜，盡量看事情的優點，從中發掘珍貴的課題，然後採取行動來解決危機或減少危機的損害。關於這點，我在下一章會再加以詳述。

如何思考自己想要什麼？

之前在「專心法則」裡曾提到，所有你猶豫不決的事情，都會在你的生活中生根。相反地，如果你越常想到自己想要什麼、想到何處，這種積極主動的想法也會深植在你心裡，讓你變得更具行動力，想法也更正面樂觀。

如果你是個負能量強大的人，改變想法就如同在讓你不快樂的心念中置入一個正向的轉輪，讓你能看到事情的優點，就像在滿天密布的烏雲裡也能窺見隱約透亮的白雲，而不是只看到烏雲。

而且天底下沒有絕對的好事，也沒有絕對的壞事，任何事情都是一體兩面的。就像思想家愛默生所說的，在最黑暗的夜晚，才能看到閃亮的星星。

不少人有過度焦慮和擔心的毛病，通常這個習慣是從父母那裡習得的。不過，大部分的時候，我們所擔憂的事情都不會發生，反而是我們從沒想過的事突然發生而讓人措手不及。

歸零的思考法

當改變想法之後，生活也會跟著改變，下一步我們要學習將自己歸零，重新思考生活中的各個層面。問問自己，有沒有什麼事是我們現在正在進行，但是如果有機會重來，我們絕不會做的？

發現我們現在正在做將來會後悔的事，對改善我們的狀況有驚人的效果，這些事都是壓力和不快樂的來源。當然，承認自己所犯的錯誤需要很大的勇氣，但是當我們已經改變了看事情的角度，改變了想法，就不能再讓自己重蹈覆轍。

人們總是執著於「一旦承認錯誤就得付出代價」的想法，我們必須轉念來想這件事。承認錯誤並非懦弱的行為，也不等於「承認失敗」，勇於認錯才是真正的強者，每個人都有改變想法重新來過的機會和權利。認錯就代表著今天的你已比昨天更有智慧。

面對真相

當你從過去的經驗中學到所隱含的重要人生課題後，接下來就必須下定決心做出重大的改變。

不過，這個改變同時也會引發你能否面對自我的問題。或許你會逃避真相，你會試圖否認，你會希望問題自動消失，但是你也知道，這是不可能的。你可以逃避現實，但你不能逃避因逃避現實所產生的後果。

面對困難最好的方法就是去擁抱它，主動面對問題，做足準備。在解決問題的過程中，思路會越來越明朗，對這件事也會越來越有掌控感，這時壓力會漸漸消失。

往深處探索

當你嘗試為人生課題尋找解答時，一開始你所能想到的通常都是比較表面的簡單答案，例如：「我應該再努力一點！」或者「我應該不要那麼衝動」這類的想法。你必須再往深處多發掘點，問自己：「還有呢？我還漏掉什麼嗎？」如果這樣深入的自我檢討不會讓你難以承受，覺得無法面對自己，那麼就再往深層挖掘，找出更重要、更具意義的涵意。嘗試用不同的方法與角度解讀，不要將所有事情都只用單一或既定的角度看待。

雖然在探索的過程中會有些痛苦，但最終你將獲得完滿的解答，長久以來困擾你的問題，將帶給你極大的收穫和成長。你會發現自己的人生需要改變、需要解脫，又或是需要把某些人某些事從你的人生中刪除。

盡快擺脫困境，修正錯誤

在我們下定決心不會再犯同樣的錯誤後，接下來的問題是，要如何擺脫我們重蹈覆轍的情況？又要多快擺脫？

無庸置疑，解決問題就要在今天，就是趁現在。人類有個非凡的頭腦，就像《失樂園》裡寫的：「我們的頭腦有自己的想法，可以把天堂變成地獄，把地獄變成天堂。」用我們的大腦，以正面的角度、具建設性的想法來想想我們是誰，我們要什麼，我們該何去何從。從此刻開始不再用負面思考詮釋事情，總是從問題中找出優點、找出我們可以成長的課題，以挑戰的精神視困難為機會，讓自己忙於從困難中成長茁壯，忙到沒有時間擔憂焦慮。

當我們下定決心要採取行動解決問題的同時，原先因逃避或不知所措的壓力也將隨之消失。但是如果我們什麼都不做，那麼將無法預測接下來會發生什麼事，後果又會變成如何，而這會造成更大的壓力。因此面對問題、解決問題是擺脫壓力唯一的方法。

把難題視為「挑戰」或「機會」

賓州大學教授馬丁・塞力格曼博士（Martin E. P. Seligman）是正向心理學之父，他曾主導一項為期二十二年關於樂觀與悲觀的研究計畫。結果發現，一個人的樂觀或悲觀取決於他們的「敘事風格」。

所謂的「敘事風格」，就是指我們如何詮釋發生在自身的事。我們的認知會成就事實，而一件事至少有三種角度可以詮釋，包括：我的角度（第一人稱），你的角度（第二人稱），和事情實際發生的角度。

在神經語言學的理論中有個「框架與重構」的概念，這個概念足以說明所謂的「敘事風格」。事實上，並非是「所發生的事」讓我們不快樂，而是我們「看待事物的角度」影響我們的心情。如果我們以正面的角度看待所發生的壞事，情緒也會變得正向樂觀。

在重新詮釋事件時，語言占了很重要的一部分，我們所選用的字句會引發我們正面或負面的想法、情緒及感覺反應。文字話語可以讓人歡喜也能讓人憂愁；可以鼓舞又或打擊我們的信心；也能讓我們興奮抑或沮喪。

所以當我們想馬上轉換心情時，最快的方法就是改變所用的語句，例如，把「問題」換成「情況」，因為「問題」是負面表述，會讓人聯想到失去、延遲、不便；但是「情況」則是中性、不具負面情緒的表達方式。當我們的話語是不帶有激烈情緒的字眼時，就比較能清晰冷靜地思考，並妥善處理各種狀況。

還有一個比「情況」更適合用來取代「問題」的詞彙，就是「挑戰」。挑戰能激發我們的鬥志，充分發揮潛能，進而克服難關、解決問題，然後成就更好的自己。譬如當我們遭受人身攻擊或在工作上被打擊時，如果能轉念心想：「現在我遇到了有趣的挑戰。」這樣感覺不是好多了嗎？

另一個又比挑戰更好的詞語是「機會」。以「機會」取代「問題」，把問題視為機會，將使我們更積極主動地迎戰問題。

從現在開始，把生活中的挫折都視為挑戰或機會，你會發現，生命中的重要轉機都是起源於困難和阻礙。

撰寫災情報告

想要停止過度、持續不斷的擔心與焦慮最棒的方法，就是在惶惶不安時撰寫災情報告。所謂「災情報告」就是寫下讓你擔心的所有事情。

撰寫災情報告有以下四個要點。

一、仔細想想究竟是什麼事讓你擔心？

首先要仔細釐清你現在所擔心的事情。因為許多人對於自己究竟在擔憂什麼事其實也不太清楚，他們只有模糊的想法和隱約的感覺，就像小孩在黑暗中會莫名感到害怕緊張一樣，但是具體恐懼的事情他們又說不上來。

還有其他的原因，是他們沒有足夠的資訊可供判斷，讓情況變得明朗；又或因為自己無能為力而感到惶恐不安。

在災情報告裡能清楚顯示讓你憂慮的事，有時候光是這樣書寫報告就能消除恐慌不安的狀況。就像醫生常說的，在做出正確的診斷後，就等於病已經好了一半。

二、分析你所擔憂的事最壞的情況會到什麼程度。

當生氣、嫉妒、恐懼等負面情緒來襲，我們總是下意識地閃躲與忽視。但我們越逃避，卻會越不安；越否認，就會越痛苦。在這世界，該發生的事還是會發生，不會因為不去面對情況就好轉。

當你把認為事情最糟會到什麼程度想清楚並寫下來，你會發現，好像情況也不是像你所想像的那樣糟，好像也還可以處理。例如結束一段感情，最糟的情況也不至於活不下去。又例如損失一大筆錢，最糟的狀況也不至於破產。好吧，就算到了會破產的程度，那麼破產就是必須面對的事情，而不是問題。遲早你會把錢再賺回來。

此外，在不同的狀況下也要用不同的方式做處置。如果你的問題是健康出狀況，那麼就直接面對處理，不要逃避或自欺欺人。接受任何會讓你的病情好轉的治療，相信專家及更高的力量。在這裡，我引述聖經以弗所書裡的一句話：「裝備好自己，在險惡的日子裡能夠抵抗敵人的攻擊，戰鬥到底，始終守住陣地。」

三、**下定決心接受最壞的結果**。

既然大部分的壓力來自於拒絕接受最壞的狀況發生，那麼我們就試著接受這個事實吧！一旦接受了，壓力也就會隨之解除，就算無法完全消除，至少也會減輕很多。你會覺得輕鬆、愉快、平靜，因為「接受」會讓你覺得可以掌控自己的情緒和心智，這種能掌控的感覺是很棒的。

四、馬上行動改善最糟的狀況。

立即行動能把損失與傷害降到最低。而你也會因為忙於處理問題，解決危機，所以根本不會有時間去擔憂。

Exercise×練習

填寫自己的災情報告

以下是災情報告的範例，大家可以以此為範例參考，逐步撰寫屬於自己的報告。

一、現在你最大的問題，又或最擔心的事是什麼？

二、這件事如果發生，最糟的結果會是什麼？

三、如果最壞的情況發生，對你的影響是什麼？你可以接受嗎？（你當然可以！）

四、馬上採取行動預防最糟的情況發生。如果無法完全阻止，也要把傷害降到最低。

第五章
成為掌控變化的大師——扭轉人生的改變法則

事件自有其律動，跟它們生氣是浪費力氣，只有把事情轉變為對自己有利，才是聰明的快樂人。

——古希臘哲學家　艾比克泰德

改變是成長的法則，而成長則是生命的法則。如果你知道有多少人想要事情好轉卻不願做任何改變，你一定會覺得驚訝。雖然「不做任何改變」很容易，但是要想「結果能因不變而改變」是不可能的。

一樣的題目，不一樣的答案

有一次愛因斯坦在普林斯頓大學監考完一堂高級物理課考試後，在走回辦公室的路上，他的助教問他：「教授，你這堂考試出的題目跟去年是不是一樣？」

他回答：「對。」

助理疑惑地問：「教授，為什麼連續兩年給同一個班級出一模一樣的試題呢？」

愛因斯坦回答：「因為今年的答案不一樣了。」

在那個年代，物理學的進展日新月異，每幾週就會有新發現問世，同樣的問題在一年後答案很可能就會不一樣了。

同樣地，在我們人生的試煉中，答案也隨時都在變化。如果有人問你：「一年前，你碰到最大的難題是什麼？你最重要的目標是什麼？你最大的挑戰是什麼？」你可能會不太記得，因為時至今日，你的答案或許已經不一樣了。

哈佛大學的經濟學家曾對未來經濟發展做了三項預測。一、明年在工業發展上會有快速的變化。二、在各行各業裡都會有更多的競爭者出現。三、之後將會有更多的機會出現，但那些機會絕對跟現在的不同。這是一九五二年時的預測，從那時候開始的每一年，這個預測幾乎都是準確的。

Exercise × 練習

人生中的「變」與「不變」

美國總統甘迺迪曾說：「改變，是生命不變的法則。那些眼光只放在過去和現在的人，一定會錯失未來。」

機會屬於願意改變的人，每個人也都有改變的能力和機會，缺少的，往往只是那個決心。

找出你人生中在哪些方面常在改變？哪件事是你根據目前修正後的目標去執行，且已經持續做了一年？

為變化預作準備的思考

在你的工作中，哪個類別是薪水中占比最高的部分？

答案是「思考」。思考是你所做的事情裡最有價值，也是最重要的工作。我會這麼說是有原因的。在我進行三十年的時間管理和個人效率的研究中發現，在決定是否著手進行一件事時，最需先考量的因素是「潛在後果」。

不管事情是正面或負面，如果潛在後果非常巨大，那麼行動就非常重要；反之，如果潛在後果不大，那麼做或不做就都無所謂了。考慮行動時，如果能把焦點放在是否能產生有用且巨大的潛在後果上，表示你是個聰明有智慧的人。

不管生活還是工作，結果還是最重要的，而後果的好壞，則由你的思考品質決定。這之間的關聯性是：思考品質決定了決策品質，決策品質決定了行動品質，而行動品質則決定了結果的品質。

在人生中，幾乎所有的成功都是因為仔細思考過要做的事後，進而採取行動和把握時機。而大部分的失敗與錯誤，則是因為沒有好好把事情想清楚。

思考的能力決定了你正面、快樂和積極的程度。而選擇什麼樣的思考方式來面對現今快速變化的世界，則決定你思考能力的強弱。

我們得隨時面對自己可能無能為力阻止卻又無法避免的變化，也就是人生的無常。不過，幸好有許多方法，讓我們能成為可以駕馭變化的大師，而不是環境變遷的犧牲者。

早先我提過，人的負面情緒通常都是因為錯誤的期待而產生。如果事情不是我們所期待的那樣，我們便會生氣，或遷怒他人。但是我們如果具備良好的思考能力，就會把自己的期待設定為合理、趨於中性，還會把無可避免的人生變化考慮進去，我們的彈性與韌性就會像楊柳樹順著風勢彎曲，而非如松樹一樣迎風挺立。

這世界變化快

現今的商業世界，往往會因三項因素而產生變化，包括：資訊的疲勞轟炸、科技的運用和競爭對手。

現在我們分別來探討這三種因素。

資訊的疲勞轟炸

現在，大概每兩至三年，絕大部分的資訊就顯得過時了，特別是科技業的變化更快。而每一年出版的書籍和刊載在雜誌、報紙、電子報的專文，大概有超過五百萬本／則，在這個資訊爆炸的時代，哪怕只是一小則資訊，都會對我們造成影響。

記得在《愛麗絲夢遊仙境》裡，那隻永遠在趕時間的小白兔嗎？他老是嚷著：「我快遲到了，我趕不上一個重要的約會了啦！」在這本書的續集《愛麗絲鏡中奇遇》裡，皇后則對愛麗絲說：「你看，不管你怎麼跑還是會回到原地，如果你要離開這裡，你必須跑得比現在快兩倍才行。」

現在，我們的人生就像這樣，隨時處於匆忙的狀態。以工作為例，如果你想維持目前的收入，就必須持續吸收新知、學習新方法，增強專業技能，在這種狀況下，我們很難不像白兔一樣在皇后的國境內亂竄，因為遲到而焦慮著。然而，越是因為怕落後而不停追趕，就越覺得時間不夠用，陷入不斷輪迴的壓力循環中。我們應該隨波逐流、順勢而為，才能往前行進。

科技的運用和日新月異

在全世界，科技業有數以百萬計的優秀頭腦夜以繼日地致力於開發更好、更優秀、更快速、更便宜的科技來取代現有的技術。如果不這麼積極研發和創新，很快就會被市場淘汰。

非科技業的其他領域也是一樣，如果不學會運用這些科技讓生活更便利、工作更有效率，我們也一樣很快會被社會淘汰。看看 iPhone 一代接一代地推陳出新，還有無法數計的應用程式被開發出來，將來的社會又會有多少的新發明產生？這實在很難想像。

競爭對手的改變者

想要為公司創造更多業績，在現今市場上求生存，你必須和你的競爭者一樣積極，也必須比以往更辛苦才不會停滯不前。

另一方面，現今的消費者要求比較嚴格，也較沒有忠誠度，且比較自我中心，因為他們比前人有更多的選擇，對於他們想要的產品也有比較多的了解。此外，他們也更多變，只要是物美價廉的商品，他們可以毫不猶豫就決定購買。亞馬遜購物網的創辦人傑夫．貝佐斯就是為客戶提供了幾百萬品項能隔夜送達的特價商品，因而創造了驚人的業績和個人財富，如今他已是世界首富。

這些例證告訴我們，不管我們從事什麼行業，都必須隨時提升自己的工作技能，保持在最佳與最新的狀態，只要稍稍懈怠就有可能被超越。

個人生活的改變

在人生中，對於婚姻和與他人的感情關係，我們也必須抱持著不可能永遠保持一成不變的心態。當我們變得更成熟時，個性、品味、目標多多少少都會改變，有時甚至會變成截然不同的人。

相信大家都知道「七年之癢」這個感情關卡。七年在人的一生中似乎是個重要的循環，每七年，我們的小孩、認識的人、配偶、公司、工作，或者個人的慾望、渴求的事物都會改變。甚至我們的細胞也會每七年更新一次，皮膚的細胞則是每三十年更新一次，在成長的過程中，我們的外形、體力、容貌、精力也都會不斷改變。雖然有些改變我們不見得都會喜歡。

在蓋爾・希伊[1]所著的《人生變遷》一書裡，她提到成年人大概每十年會經歷一次主要的轉變。在十八至二十二歲時，人們從必須依賴父母照料的青少年轉變為能自給自足的成年人；在二十八到三十二歲時，人們開始要在婚姻和職業生涯中安定下來；三十八至四十二歲時，人們在家庭和工作上已趨穩定，生活形態也已定型，並開始體認到原本規劃的人生計畫或許無法實現了；到了四十八至五十二歲，想轉換跑道是不可能的任務，有些人則與另一半離婚，各自勞燕分飛，更多人會開始思考下半生以及退休生活要怎麼過。最後到了五十八至六十二歲這段時間，大多數人已經從人生戰場上退役，不管他們是否完成人生職志，他們一心只想要過安穩的退休生活。

1. Gail Sheehy，政治新聞從業人員，也是《浮華世界》雜誌的撰稿編輯，曾在一九九一年榮獲華盛頓新聞評論獎，被喻為美國最優秀的雜誌記者。

面對改變的刻意練習

在人生的每個階段，我們都必須經歷改變和考驗，所以不必為此感到驚訝或沮喪，而應該視為無法避免的必然，如此將大大降低我們在面臨改變時所感受到的壓力，並增加以正面及建設性方法面對困難的彈性。

預想未來的「心智準備」

面對改變時有個基本技巧叫做「心智準備」，只要我們學會這個技巧，就能成為改變大師。

「心智準備」的練習技巧就是，首先放輕鬆，然後在腦海中揣想你在不久的將來可能會面臨的變化，透過你的心智之眼，你會看到自己以正面、冷靜、具建設性的方法來應對這些改變，而不是當這些改變不如自己預期時的過激反應。

有了對「改變」的認識和準備，我們便能感受改變的樂趣，我們會期待得知，到底是哪些地方會改變，又會變成什麼樣子，而不是困在變化中動彈不得或者抗拒改變。

擁有遠見的「預測性思維」

我建議大家還可以培養預測性思維，這是非常強而有力的思考術。藉由綜觀人生的道路，預想所有可能發生的事，並事先擬定應對策略，如此將能大幅降低壓力及增加工作效率。

像是練習「危機預測」，把生活、工作或公司經營上所可能面臨的最糟狀況列出來，想想可能造成的傷害、財物損失，或者讓你遠離希望、夢想、計畫的意外事件。並試著擬定應對的方法，在事情發生時你該採取什麼策略來降低損失，甚至是在事情還沒發生的現在，你能做什麼來防止它們發生？

有些大型公司會採用「情境規劃」的方式，為企業訂定中長期計畫。當然，情境規劃除了預測之外，也會教導企業如何針對不同情境擬定不同的應對措施，以迎接未來的不確定性。

培養長遠的眼光

生活中不能只顧眼前的小利，而失去將來可能獲得的更大收益。我常覺得很訝異，怎麼會有這麼多人因為缺乏遠見、短視近利，而讓自己被未來發展趨勢淘汰，進而讓自己陷入悔不當初的困境中。

美國近代政治學家，也是哈佛大學的教授愛得華・班菲爾德，曾做過一項長達五十年的研究計畫，這項計畫是針對社會上具有遠見之最成功人士所進行的觀察研究。

研究發現，這些成功人士都習慣預測在未來十年或二十年後會發生什麼事，並且在當下就開始擬定計畫，以確保他們的長期目標能夠成功實現，並能事先預防失敗或變數發生。

規劃自己的財務

另外，金錢也是造成人們感到焦慮與壓力的主要原因。不少人對金錢缺乏計畫和紀律，他們通常在月底前就把手頭上的錢花光了，這就是為何在美國有數以百萬計的人會宣告破產，因為他們根本沒有事先預想到可能會發生的財務困境。

要讓我們生活過得有品質，其中有個非常關鍵的重點，那就是考慮各方面的需求，進而擬定財務計畫，然後按照計畫花錢，量入為出，儲蓄和投資並行，保留一定的現金以備不時之需。

公司的老闆或企業的執行長多半深謀遠慮，他們會思考自己所從事行業將來可能面臨的改變和發展趨勢，並預估可能的影響和盈虧。對他們來說，與其等待改變突然來臨而措手不及，不如事先規劃並採取行動。

做好萬全的準備

如果想對未來做最準確的預測，就要去「創造未來」。頂尖人士都具有放眼未來、預測趨勢的能力，他們隨時都會為可能發生的各種狀況做充分的準備。

我們上急救課就是為了意外狀況發生預做準備；學習新技能就是為了有天能派上用場而預做準備。當未曾料到的改變浪潮來襲把你推倒，你才想到要做準備、學新技巧，那都已經太遲。

成功的四大條件

成功其實是有公式可循的。這裡介紹成功人生的6P公式。而這個公式可以濃縮為一句話，那就是：訂立適當的計畫，就能避免不良的表現。（Proper prior planning prevents poor performance.）

在為將來所做的準備工作中，最重要的環節就是知識和技巧，這兩項必備因素能大大提升我們工作的效率和質量，而工作質量、效率又和我們的收入及成效有很大的關係。

成功是給那些做足準備而把事情做到最好的人。不管改變會在一個月內或一年後發生，只要做好準備，就能從容應對，樂觀的結果也必然可期。

一、培養更多的選擇

成功還有個重要的規則：只有當你擁有許多成熟的選項時，你才算真的自由。

藉由提升技巧、增加產能，以及凡事做最好的努力，也做最壞的打算，就能增加自己的選項。當你擁有的選項越多，對自我命運和公司未來的掌控度將越大。

記住，「希望」、「但願」都不是選項。例如，「希望事情能自動變好」也不是選項，只有清楚地把計畫寫下來，再依據周詳計畫行事才是選項，也會增加更多選項。這能讓你預估未來的改變，掌控變化，進而成為改變大師。

二、成為行動派

就像溜冰一樣，速度越快越能掌控動作。成功人士也是一樣，他們傾向坐而言不如起而行，是屬於行動導向的人，當事情有出乎意料的發展時，也會思考能如何主動出擊。他們平常就養成對情勢的敏銳觀察力和快速行動力，讓

史坦博士的心靈診療室

一天一小時，改變你未來的一週

身為一個專業人士同時又是母親的我，深知度過平順有效率的一天和混亂充滿壓力的一天，這兩者的差別是多麼大，也能深刻體會到計畫和組織的重要性。

在一週之始，我會花一個小時的時間，把這週的事都計畫好，並寫在記事本裡，這是能讓我靜下心來的好方法。然後，我每天都會檢查計畫的執行結果，或者再加上一些新的待辦事項。因為預做規劃，能讓我的心比較篤定，做事也比較有效率。我也建議我的朋友與客戶採用這個方法，他們身體力行後都覺得這個方法讓他們更能掌控生活的節奏與步調。

自己即使面對突發狀況，也能夠持續前進。

相反地，有拖延症的人容易失敗，他們在面對快速的變化和重大挫折時會感到絕望和無所適從，這種個性會使他們停止行動，等待他人的救援，又或希望能發生某事讓他們脫離困境。

三、**想像你有一根魔法棒**

接下來我們來學習神奇的「魔法棒技巧」。當我們思考未來時，可以想像手中握有一根神奇的魔術棒，只要輕輕一揮，就可以讓決定我們人生快樂與否的四大重要議題變得美好。

這四個問題如下。注意，在你回答時，傾聽心中的自我對話，並把前面章節所學到的觀念運用在這裡。

一、想像一下，假如你的工作、事業、收入在五年內將達到你想要的理想境界，那會是怎樣的生活？和現在的狀況又有何不同？

二、如果你的家庭、人際關係、生活方式在五年內會達到你想要的理想境界，那會是怎樣的情況？又會和今日有何差別？

三、如果你的健康狀況和體能、體態在五年內會達到你想要的理想情形，那會是怎麼樣的狀況？和現在的你又有何差別呢？

四、最後，如果你的財務狀況在五年內會達到你預設的理想情況，那會是怎樣的情形？你會有多少存款在銀行？每個月及每年的收入會是多少？

四、「理想化」的練習

頂尖的成功人士還有個習慣行為，稱為「理想化」，那就是他們會天馬行空地把未來人生中各個層面的理想模樣規劃出來。如果我們也想要像他們一樣成功，就得練習「理想化」的技巧，而不要先自我設限地想像你期待的理想境界，之後才想該如何努力才能達成。

結合上述「理想化」和「魔法棒」兩者的技巧，可以讓我們從陷入日復一日的單調工作、支付帳單等繁雜瑣事中暫時逃脫，以不同的角度來思考事情。這種方式我們稱為「藍天思考法」，這也是頂尖成功人士最具代表性的特質：他們想像自己擁有整片藍天，並在藍天之下任由自己的想像力馳騁。

人生不可能一帆風順——面對人生低潮的六個階段

著名精神科醫生伊莉莎白・庫伯勒－羅絲是生死學大師，專門協助家屬面對死亡，她以「臨終前五階段論」說明人們在面對至親死亡時會經歷的過程：否認、憤怒、討價還價、憂鬱、接受。而經歷這五階段的過程，也決定了人們是安然度過這段人生低潮或繼續痛苦下去。

庫伯勒－羅絲醫生也把這個理論應用到其他災難性的個人損失上，像是：工作、收入、自由，甚

史坦博士的心靈診療室

美好的未來，從今天的努力開始累積

在週末或放假時，我和我先生會一起思考應該做什麼事好度過充實的一天。我會問他：「親愛的，如果今天對你來說是美好的一天，那麼你會做什麼呢？」同時我也會告訴他我的答案，然後我們一起把兩人完美的一天會做的事結合起來，就是我們那天可以做的事了。

人們往往高估了一年所能做的事，而低估了五年所能完成的事。為了創造你理想中的未來，你所必須做的努力就是從今天開始做起。

至離婚，稱為「悲傷五階段」。這個理論運用在分析人生問題上是非常好用的工具，如果我們能夠對自己的遭遇進行深入的分析，也會越快復原，並且越快駕馭改變、控制情緒和行為。

以下就是面對悲傷的六階段。原本庫伯勒-羅絲醫生的理論是五個階段，在此我們多加了一項，請見以下的說明。

階段一：否認

這是面對突如其來的創傷一開始會產生的情緒，像是：「不會吧，不可能啊！」「不是一直都好好的嗎？」即使事情已經發生一段時間了，還是有不少人會處在拒絕承認的階段，例如許多人面對個人事業失敗或婚姻結束時所產生拒絕承認的情緒。

這是因為人們傾向接受自己所「偏好」的狀況，而非「實際發生」的狀況。這樣的差異導致在發生衝突時，我們會在第一時間否認真實的事情，這是一種心理的防禦機制，藉此逃避悲傷威脅我們的生存。

階段二：憤怒

當我們無法再欺騙自己，從「否認」走出來時，因為痛苦所造成的衝擊太大，所以會將內心的挫折投射到他人身上，有時也會投射到自身。接著我們可能會開始怨天尤人，怪天怪地怪別人，甚至對自己生氣。我們也會給自己合理化的理由，覺得如果別人不犯錯的話，這一切都不會發生。

階段三：討價還價

當「憤怒」過後，我們的想法可能會有些改變，會試著努力讓結果不那麼糟，有時也會跟上天祈求，以某種交換式的協議，期望糟糕的結局不要那麼快到來，並企圖讓自己在整件事中所要負的責任變小，或減少事情的嚴重性。

階段四：沮喪

在這個階段我們體會到失去的事實，接受「無法逆轉」這件事，人已經死了，錢已經損失了，或者婚姻已經毀了，做什麼都沒有用了，所以再次感到絕望、痛苦。這時的人們變得脆弱、消極，自覺是受害者。

階段五：接受

此時，人們接受「再也回不去了」、「之後的日子再也沒有某人陪伴」的事實，也可以控制自己的情緒，變得冷靜、走出沮喪，體悟到人生無常。然後學會放下，準備展開一段新的人生旅程。

階段六：重生

重新站起來，讓自己變得忙碌，面對生活中的現實，也開始掌控自己的情緒，重拾與朋友的情誼，感受生命中正向美好的事物，或是與人建立新的關係。我們會持續前進、成長，讓人生繼續下去。

這些是每個人在面對悲傷或重大挫折打擊時多半都會經歷的六個階段，差異就在於你花多少時間從否認過度到復甦。有人是幾週，又或是幾個月或幾年，而有的人則是一輩子都沒走出來。

別讓現在的壞事，趕走未來的好事

我們在人生中時時刻刻都會遇到不同的問題。大多數人在遇到問題時，第一反應都是想「該怎麼辦」，而很少會去思考「問題是什麼」。這使得很多人常常在還不知道問題是什麼的情況下，就一頭栽進去，急著開始解決。

臨危不亂，冷靜以對，是面對問題時的智慧。在遇到問題時，要避免把相互關連和因果關係混淆的傾向。我們的思考常會出現一種錯誤的模式，那就是太快跳到結論。如果同時發生兩件事，人們往往會認為這兩件事必然有所關連，一定是由其中一件事引發另一件事。然而，大部分時候，通常兩件同時發生的事往往只是巧合，其中沒有必然關係。

此外，也要避免把情況災難化，別把事情想像得太壞，通常情況都不會比現在還糟糕。

讓自己冷靜清楚地分析狀況的要訣是，不斷地問自己問題，不斷地收集資料作為參考。有時候，在詳細的分析之下，你會發現，阻礙和難關很可能不如你想得那樣嚴重，而且很有可能是個轉機。

當你體悟到人生大翻轉所帶來的意義後，你說話的用字遣詞也會跟著轉變，在不知不覺中就會自動以「情況」、「挑戰」、「機會」這樣充滿動力的正向字眼，取代困難重重的「問題」這兩個字。

我後來發現我生命中最好的改變，一開始都是源自於困境和阻礙。想要改變我們的人生，第一步就是要改變我們的心態。從內心改變，將困境視為「助力」而非「磨難」，試著透過努力不懈讓自己變得更強大，才能更好地應對未知的困難。

白手起家的百萬富翁、美國保險公司董事長，同時也是勵志書作者的克萊門特．史東（W. Clement Stone），最為人所知的事情就是他面對問題時，口頭禪就是：「非常好」。正面樂觀的心態

史坦博士的心靈診療室

從「百萬負翁」到「百萬富翁」

根據統計資料顯示，美國有許多位白手起家的百萬富翁在成功之前，平均會經歷二．三次的破產。而他們最終成為富豪的理由，都是因為從之前的失敗中記取教訓，獲得啟發。

如果這些超級富翁沒有經歷過挫折，便無法累積日後讓他們成功的知識和智慧。生意失敗或破產或許在當時是很大的打擊，但同時也蘊藏了日後讓他們致富的種子。

是決定一個人成功的必要條件，他也鼓勵所有人應該跟他一樣，找出所有負面事情中好的一面。

別讓現在的壞事，趕走未來的好事。把難關當作將來好事來臨的敲門磚，當作宇宙送給我們的大禮、一堂珍貴的人生課題，或是一個獲得快樂的禮物，就跟史東先生一樣，以「非常好」的態度來看待人生的困境。

中和負面情緒

既然改變是無法避免的，那麼我們就要設法在每個改變中，找到其中隱含讓未來更美好的想法、見解、優點，並對自己說：「在每個改變中我看到了天使。」藉此淡化踏出舒適圈的恐懼和不安。

抵抗是各種壓力與沮喪的來源，相反地，接受「改變是生活中的必然」的事實，能讓生活不在原地打轉，大步邁前。

培養「容錯力」

對於過去不好的經驗一直耿耿於懷，是阻礙我們進步，把人生困在原地的主要原因之一。

人不可能完美無缺，每個人都應該學習接納自己會犯錯的事實。比起「正確」，「錯誤」其實更可貴。「正確」是個結果，而「錯誤」是個過程，當我們不斷試圖成就「正確」的事時，會漸漸喪失願意犯錯的勇氣，進而扼殺了我們成功的可能性。

後悔無濟於事

一位已經執業二十五年的精神科醫生曾告訴我，在他長久以來的諮商過程中，最常聽到病人說的話就是「如果當初」。病人在敘述他們所遭遇的痛苦、悲劇、不快樂等事情時，都會說類似這樣的話：「如果當初我沒做那件事」、「如果當初我沒做那個決定」、「如果當初我沒投資那家公司」、「如果當初我沒和那個人結婚」……

若是把精神都花在懊悔過去所做的事情上，而不是把焦點放在眼前可以把握的機會，這是很可悲的。

現在，就把「如果當初」從你的字典中刪除吧！不要再動不動就說「假如當初沒有怎樣就好了」。已經發生的事就是發生了，後悔也沒有用，如何做好下一步的打算才是最重要的。或許如今回想當時的狀況的確是很不幸，但是對於過去的事我們無法改變，只能接受，負起責任，承受後果，專注於解決目前的問題，聚焦在未來，努力達到自己設定的目標。

不害怕失去，才能真正擁有

據說，人們害怕失去的恐懼心理是渴望獲得的二・五倍。雖然我們會因為渴望擁有某些事物而設法努力獲取，但這絕對比不上處在失去狀態或預見將會失去某事物的痛苦。

試著想想，如果你曾經擁有幸福的感情、好的工作、穩定的收入，一旦你失去這些你所珍視的事物時你會是多麼難過！這種痛苦是好幾個月，甚至好幾年都無法平復的。假設你真的遭逢如此的困境，這時你就得自我提醒，讓自己記起當初還沒有擁有這些感情或工作時的你，不是也一樣活得好好的，將來即使沒有這些事物，你也會過得很好。

經歷苦痛才能學到教訓

許多人在經歷糟糕的婚姻或感情關係後，心懷憤怒、痛苦、委屈等各種百味雜陳的負面情緒。但是過了一段時間，遇到對的人，便會再度穩定下來，和對方從此過著幸福快樂的日子。

許多現在擁有美好婚姻生活的再婚者，在回顧過去曾經痛苦的婚姻時，都覺得那段不堪回首的過去，是他們現在會如此快樂所必經的過程，因為失敗的婚姻讓他們懂得反省，知道自己的缺失，也了解什麼樣的人才適合自己。正如我常強調的：「問題不是阻礙，而是指引。」

人們只有在痛苦中才能學到教訓。但也有一種傻子，即使一再經歷失敗的痛苦，卻始終無法從中學習，無疑地，他們會重複犯同樣的錯誤，一再嘗到失敗的苦果。

同樣的情況也會出現在「健康」這件事上。人們在健康的時候往往不懂好好照顧自己的身體，一旦診斷出疾病或經歷生病的痛苦，才會體會到健康的重要性。

Exercise × 練習

突破現狀

很多時候我們之所以會遇到困難，是因為無法突破自己的小框框。

找出你的生活中有哪些地方在經過調整與重組後，會更加順暢和諧。為了這些調整你需要做什麼？或者避免做哪些事？又有哪些你可以立即展開或馬上停止的行動？

堅持到底，就會虧到底——人生中無法回收的「沉沒成本」

在會計的資產負債表裡，有一個項目稱為「沉沒成本」，這是指已經付出且不可能回收的成本，例如：刊登沒有效益的廣告費、生產賣不出去的產品，或者在將來也看不到任何回收的花費……等。

同樣地，我們人生也充滿許多屬於「沉沒成本」的投資。像是我們把大把的時間、金錢、精力投注在某人、某個工作或某項投資上，然後無法預期的阻礙發生，讓我們的投資血本無歸，又或傾注所有感情卻沒有任何回報。

想要收回沉沒成本是人的天性，我們會想說服自己，正在設法收復損失。但如果你一直記掛著要收回失去的沉沒成本，就只會做出糟糕的投資決定。

逝者已矣，做了就是做了，我們怎麼做都無法取回失去的金錢，挽不回失去的感情。如果堅持原本的計畫和想法，繼續去做讓自己不快樂或不值得的事，不但無法改善現況，還會讓你更糟，只是把洞挖得更深。

在錯誤的道路上堅持，只會「越努力，越不幸」。我們要做的，應該是鍛鍊出心靈韌性與個性強度，並勇敢告訴自己：「我判斷錯了，但現在我的想法已經改變，我不會再犯同樣的錯誤。」

對所發生的事負責

面對人生中的所有變化，能支持你最強而有力的後盾，就是百分之百接受所有發生在你生命中的事，不但要接受，還要扛起責任，此舉能讓你掌控自己的人生、情緒，同時也能掌握所發生事情的狀況。

對於生命中無法預期的變化和困境，我們所採取的負責任方式就是解決問題。大部分的人面對失敗和困境時，馬上就斥責他人或尋找代罪羔羊怪罪，但你不是這樣，你會想辦法解決問題，從發生問題開始就把焦點放在解決辦法上，而不是只在乎「究竟是誰造成問題」。當發現過失是因自己造成時，不要給自己找藉口，也不要一開始就自我防衛。承認自己的錯誤，然後把精力放在彌補錯誤、解決問題上。那麼，你說，這樣誰會是最後成功的人呢？

不要抱怨自己所處的狀況或已經發生的事也是負責任的方式。如果你不滿意現狀，就想辦法改變；如果你無法改變，那麼就接受它，而不是抱怨。

把自己放在受害者的角度，是無法掌控自己的人生的。抱怨或批評，只會讓人自卑、軟弱，更無法振作。結果他們將持續向下沉淪，越來越脆弱，也越來越不快樂。

想想下次吧

對所發生的事負責有個關鍵字，那就是「下一次」，把不重蹈覆轍的焦點放在未來而不是過去。當你遇到困境時就自我期許：「下一次這種事再發生，我一定要……」或者「將來我一定要做些什麼……」

尤其當你是老闆或為人父母者，當你的小孩或員工做了什麼讓你失望的事，記得你是掌權的人，你必須負起責任，不要只要求員工改進或責罵他們，而是把焦點放在解決問題上。記得要對自己說：「我要負起責任。」這樣做會讓你的頭腦因此清晰起來，因為你將聚焦在解決問題上，而你也會想出辦法，做出明智的決定。如此你才能是家庭的重要支柱，公司的領導者，以及成為自己生活的主宰。

做出適應和調整

達爾文的適者生存論說明了，在大自然中能夠生存下來的不是最強大或最聰明的物種，而是最能適應環境的。具有優秀心智和樂觀個性的人，都具有認清、接受、預知和適應各種變化的能力。當你越快認清變化已經產生且無法改變，就能越快適應改變，並且利用這種改變來幫助自己。

在資訊、科技、競爭快速變化的今日，這三項彼此影響的程度更加劇烈，我們不能只是原地踏步或緩步前進，必須隨時與時俱進。當變化來臨時，如果你還是用既有的老方法來應對，或者拒絕改變，只會讓你更加沮喪和無力。你必須暫時拋棄過去，重新思考整個情勢，想想現在的你在這個新世界中是處於哪個位置，又想要獲得什麼。

隨時停下來審視自己目前所進行的事，是否正朝著你的長期目標和理想前進。有時候阻擋我們前進的阻礙、困難、挫折，很有可能是因為我們走錯路的關係，我們正在做的事並不是最好的選擇。

踏出舒適圈

牛頓的第一運動定律（又稱慣性定律）指出，一個物體除非受到一個不平衡的外力所作用，否則原來靜止的物體仍將保持不動。

慣性定律用在個人生活上，可以稱為「舒適圈原則」，也就是說，當人們在一個環境待久就適應了，在感受到生活於其中的安逸後，即使這個環境對他們來說並不是最好的，也不適合他們，他們還是會抗拒改變，抗拒換個也許會更好的環境。

大部分的人習慣依照固定的規律生活，日復一日，久而久之，就習慣成自然，變成不用思考就自動導航的模式，不管這些習慣是否有益。就像某些感情關係一樣，一旦習慣了就不願去改變現狀，即使是糟糕的關係，也不願改變或分手。

80／20的重建生活法則

雖然無法改變過去，但我們每個人都有資格創造並擁有一個新的人生。

在重新設定家庭、工作和人生的新方向時，我建議可以採用80／20原則，也就是百分之八十的成果來自於百分之二十的精力與時間。如果你能找出那百分之二十最重要的事情，把大部分時間花在這百分之二十上，將能發揮最大的效益，也更容易達成目標。

在工作上，你的成果有八〇％決定於你二〇％的行動；你的業績有八〇％來自二〇％的客戶；你的利潤則是由二〇％的產品或是服務所創造。

同樣地，將80／20法則用在個人生活上，能讓我們學會掌握重點，避免將時間、資源和精力花在瑣事上。個人的時間、資源和精力都是有限的，要想「做好每一件事情」是不可能的，要找出二〇％能讓你快樂與獲得更多收穫的事情，把精力用在這些事情上，創造八〇％更富足的人生。

80／20法則闡明，我們可以利用「以少得多」的黃金定律提高效率，雖然投入更少，但能獲得更多。我們也必須隨時讓生活保持彈性，並且學習簡化生活。不但是要簡化生活中的物品，最重要的還包括減少不必要的活動，一些你已經成習慣、但是對生活沒什麼幫助的活動。

你可以把比較不重要，或CP值比較低的事情委託別人處理，把時間空出來做對你更有價值、讓你更有成就感的事。一些生活雜事可以發包給外面的人執行，例如打掃房屋、修剪花園草坪、洗衣，甚至是餐點都可以請外燴或外送來處理，他們是該領域的專家，相信工作會做得又快又好。

總之，退一步審視自己的生活，看看你可以如何把生活過得再簡單一點。

Exercise×練習

重塑生活

試著在日常規律的生活中再度發現新的樂趣，讓每天都是嶄新的開始。

假設，你睡一覺醒來，發覺你所從事的行業已經銷聲匿跡，你必須重新找工作，選擇全新的職業領域，那麼你會想要做什麼呢？當你沒有經濟壓力時，你又會想做些什麼來讓生活脫離一成不變的常軌？

每個人應該每隔半年或一年就認真審視當前的生活狀態，並在既有生活中再創造新的模式，如此才能保有競爭力，同時因應生活中的變化。

你唯一可以控制的，就是你的回應方式

人生是由一連串的問題和危機所組成，而這些難關是無法預期，也無可避免，我們唯一能夠掌控的就是如何面對這些危機。我們可以選擇堅強地正面迎戰，當然也可以選擇逃避和投降。

諾貝爾獎得主，也是著名歷史學家阿諾・湯恩比（Arnold Toynbee）終其一生都在研究人類文明的崛起和衰敗。他的著名理論「挑戰與回應」（Challenge and Response），詮釋了他對人類各大文明興衰輪替的卓越見解。人們面對挑戰時如何因應，是否擁有足夠的創造力和適應性，來回應對世代的挑戰，而這種挑戰與回應的能力，每每就決定了一個國家、一個社會、一個文明或一個團體的前途。

他認為，人類的每個文明都源於一個小部落或小群體，這個群體面對威脅的方式，決定了他們能否生存下來。一個以挑戰和對抗的方式面對威脅的部族往往能夠繼續存活，是因為他們在抵抗的同時，會不斷自我調整和重組，期使這個群體能夠強大到足以戰勝威脅，而且在存活下來之後也會變得更強大。

但是，一旦他們壯大了，樹大招風，更大的威脅和挑戰也會隨之而來，通常是來自敵人或其他部落。因此這個部族就必須加強更多的生存技巧和戰鬥能力來因應。一個部族就是在這樣一連串的威脅中不斷成長茁壯。

歷史上二十七個偉大的文明，一開始都是起於一個小小的部族。以蒙古族為例，他們最初只有三個人，但是到後來卻成為有史以來最強大、腹地範圍最廣大的帝國。湯恩比認為，一個群體只要能夠有效處理及回應來自其他競爭的文明、敵對國家和部落，就能在層出不窮的挑戰中成長。

我們的人生也是一樣。在一連串的危機中，如果應對處理得當，我們將會成長，獲得更多的知識、智慧、技巧，而這個成長也會帶給我們新的挑戰。反之亦然，新的挑戰也會帶來新的成長，我們的人生就是在這樣的循環中不斷進步。

根據「挑戰與回應」的理論，當面對人生無可避免的起伏時，唯一能夠由我們控制的就是回應的方式。在我們回應所有人生丟給我們的難題過程中，我們會讓自己更堅強，所有的挑戰都是一種鍛鍊，正如尼采的名言：「凡殺不死我的，必使我更強大。」

把發生在生活中的種種不順遂都視為挑戰，這些挑戰將幫助我們成長，使我們更堅強。只有經歷過挫折，並勇於面對問題、克服困難的人，才有能力得到真正的成就與快樂。

擁抱改變的勇氣

從今天開始，擁抱改變、歡迎生活中的改變，將改變視為進步成長的階梯。如果沒有經歷過挫折和危機，我們是無法成長、成熟和有擔當的。把「改變」這個單字在你的字典裡改為「進步」吧！在每個改變中都隱藏著改善的契機，不要輕忽了改變的力量。

有個我們都知道的「半杯水」思維。當杯子裡盛了一半的水時，你看到的是半滿的水，還是空了一半的水？樂觀的人會慶幸還有半滿的水，感恩剩下的部分；而悲觀的人則只會看到失去的部分，為著半空的杯子哀嘆。

「只剩半杯水」是一個無法改變的事實，但我們可以改變對事情的觀點和面對的心情。正如我之前所提到的練習，當困難來臨時，就想像著宇宙中有更強大的力量會幫助我們，引導我們至更快樂更成功的未來。如果能常常這樣自我訓練，那麼我們將可以改變性格，用更積極的心態看待人生。

在研討會中，我們常常告訴來參加的成員，當他們為生命中更遠大的目標奮鬥時，往往也會經歷一段變動期。

有個成員就跟我們分享了他的經驗。在他曾設定要讓自己收入倍增的目標後不久，他就被公司資遣了，但接下來他反而找到比前一個收入更好的新工作。事後他回想那段經歷，很慶幸自己當初被開除了，否則他一定會繼續留在原先的公司，也不會有轉職跳槽的機會。他覺得一定是上帝藉著被開除這件事告訴他，之前的工作並不適合他，他需要找到更能讓自己發揮能力的新職務。

同樣地，將這樣的想法放在感情問題上也是如此。當你的感情生活出問題時，就是宇宙期許你對於未來能有更遠大、更完善的計畫。失去一段感情或婚姻可能是上天告訴你，你還沒找到對的人。所以不要再怨天尤人、意志消沉，而是要把這個改變視為是宇宙傳達給你的訊息，祂在告訴你，這個改變是為了你將來更美好人生計畫的其中一部分。

我們人生中的失意、不順遂剛開始或許是痛苦煎熬的，不過，如果我們藉著這個機會自我調整與改善，對自己的困境負起全部的責任，接受應該要做出改變的事實，然後依照我前面所提的方法與原則訓練自己，你會發現你的成長超乎想像，你的能力增長驚人，而你滿滿的收穫將是你繼續停留在原地所無法達到的。

第六章

在你生命中的那些人——人際關係與伴侶關係

當你回首過往時光，你會發現那些讓你覺得獨特，覺得不枉此生的片刻，都是那些你以「愛」來完成的事。

——蘇格蘭傳教士、生物學家　亨利．德羅蒙（Henry Drummond）

在研討會中，有時候我會以這句話作為開場：「誰是在這個房裡最重要的人？」台下參與者會紛紛大聲回答「你！」「老闆」「總裁」……最後有人總會回答「是我！」

這時我就會說：「答對了！你就是在座中最重要的人，整個宇宙都是圍繞著你轉。」

你是自己生命中最重要的人

「自尊」是一種讓我們能抬頭挺胸面對他人的感覺，人們常用自豪或自重來稱呼它。當你越看重自己，你也會喜歡並懂得尊重他人，而別人也會越尊重與喜愛你。

懂得自尊、自重的人會去追求一段穩定和被肯定的關係，而我們人生中大部分的快樂、成功都是來自和他人的關係和諧，其中的「他人」包含了家庭成員和你周遭的每個人。你的人際關係越好，婚姻品質也會越好，也越能當個稱職的父母，而且你的社會地位會越高，職業生涯也會比較有成就。

幾乎所有我們人生的所有問題，不論是個人和社會問題、性格缺失、犯罪、反社會行為，甚至是國際問題（各國之間的紛爭），最後都可以歸咎於人們對自己的不重視和自覺不夠好。

讓別人感到受重視的「5A原則」

想要有好人緣的關鍵很簡單，就是：讓別人覺得他們很重要。只要有機會就增加別人的自尊心，不管是用言語或行動讓對方覺得他是重要的，這樣他們會更自我尊重、更喜歡自己，也會喜歡你尊重你，更樂於打開心胸讓你引導他或者影響他。

《EQ》的作者丹尼爾・高曼，在接受專訪時曾被問道：「什麼是情緒智商中最重要的特質？」對此，他回答：「在所有的特質中，『說服力』是衡量你是否能呈現出最好的自己的最佳標準。」也就是說，你的說服能力越好，你就是個越高度自我重視的人，也越能影響他人。越珍視自己的人，越能讓周遭的人覺得他們重要。

相信大家都聽過一種說法：「我愛你不是因為你這個人，而是因為你讓我覺得自己很重要。」當別人因為「你」而覺得自己很重要時，你的說服力和影響力就顯現了。一如美國詩人瑪雅・安傑羅所說的：「人們很快就會忘記你說了什麼話，但是他們永遠不會忘記你帶給他們的感覺。」

有五種方法你可以運用在別人身上來建立自尊，並讓別人喜歡你，幫助你，樂於與你合作，每個方法都是以英文字母A作為開頭，稱為「5A原則」。

一、接受（Acceptance）

接受自己是自重的開始。人們越是能接受自己，就越能被周遭的人所認同。當人們竭盡全力希望別人接受原來的自己而遭到拒絕或挫折時，憤怒和沮喪是最常見的反應。在小說和電影裡，《BJ單身日記》吸引人的情節，是當女主角終於遇到喜愛原本的她的男人。她的所有朋友都驚呆了，他們不相信世界上會有「就愛女人真實模樣」的男人存在。

當你接受並喜歡人們原來的樣子時，你觸動了人性中內心深處的心情，就是渴望被他人無條件地接受。

那麼要怎麼表現出你的接受呢？很簡單，就是微笑。有個大家都知道的冷知識，就是皺眉比微笑要牽動到的肌肉還多。當你對別人微笑時，也同時表示你認可了他的價值，表達了你喜歡有這個人與你為伍。你對他人的微笑會讓人覺得自己重要和有價值，也提升了對方的自尊心。

最好的消息是，你增加別人的自尊、自信心的同時，也提高了自己的自尊自信心。也就是說，在日常生活中，如果你常說或做一些讓別人覺得自己重要的事，這樣的正能量也會回饋到你身上，你也會覺得自己有價值、很重要。

同樣地，若你做任何傷害或減低別人自尊心的事，也會傷害自己的自尊心；你對他人生氣或產生負面情緒，就是拿別人的錯誤來懲罰自己，讓自己不好受。反之，如果你對他人表達友善關懷，對方也會禮尚往來，對你報以同樣和善的態度。

欣賞（Appreciation）

在每個人的內心深處都渴望被欣賞、被讚美，就像馬克・吐溫說的：「一句好聽的讚美，能使我不吃不喝活上三個月。」當你對他人表達欣賞之意時，對方的自尊便會瞬間提升。讚美能讓對方獲得積極的自我評價，同時形成延續被讚美行為的強大動力，進而幫助一個人成為更好的自己。

我舉個例子，我大學時有個朋友在情人節時收到女友的禮物，這件禮物非常特別，他興奮到難以自抑地告訴所有人。這件禮物就是他女友列出了一百條她愛他的理由，然後把這張清單當作禮物送給他。想想看，收到一個自己很重視的人，列出一百條告訴他有多重要的清單，那會讓人多麼興奮啊！這很可能會改變這個人的一生呢！

那麼，我們應該如何對人表達欣賞呢？很簡單，我們在每個場合、每個機會都要記得表達感謝之意。這裡所說的並不是單指說出「謝謝」這兩個字，而是要適時表達感謝和欣賞，讓對方覺得自己做了有意義有價值的好事。你對他人的感謝越多，他們就越樂意去做更意義的事，如此形成一個良善的循環。

我曾經去過一百二十多個國家，在旅行過這麼多地方後，我學到了一件非常有用的事，那就是多說「請」與「謝謝」總是可以讓你暢行無阻，人們會樂於幫助你，這些協助會讓你的旅途更順利。

這樣的做法運用在家庭和工作上也一樣行得通。當我在工作上和人會談完後，我都會以「謝謝」作為結尾，而當我這樣做時，對方總是會報以肯定、和善的回應。

Exercise×練習

欣賞他人的十個理由

欣賞自己是一種自信，欣賞別人則是一種美德，也是對別人的尊重。

想想你喜歡的那些人，寫下你欣賞他們的十個原因，然後把這張清單用任何方法交到他們手裡。

三、**仰慕**（**Admiration**）

人們在受到讚美時，自信心與自尊心都會增加，他會對自己的表現感到高興，也會對你的善意充滿感激。

如果你對他人的讚美能夠更明確更具體，例如針對他在工作、生活或行為的表現，表達仰慕或讚美，這樣他們會更快樂。

人們對於自己經由努力和紀律所培養出的特質會感到非常自傲，如果有人也注意到這些特質，這會讓他們受寵若驚。

你可以對他人說：「你是非常準時的人」或是「你是個非常自律的人」、「你是個很棒的聽眾」，你也可以讚美別人所身處的環境：「你的辦公室好美啊！」或「這個客廳佈置得非常溫馨。」因為人們會投注大量的時間精力在經營自己的空間，當自己費心所營造出來的空間受到讚美，會讓他們感到欣喜。

又或者你也可以讚美對方的物品或服裝：「這個包包好美啊！」「這個錢包超讚的，我也想買一個。」「這件洋裝好適合你。」只要你的讚美是真心的，都能讓對方心花朵朵開，更何況人都是喜歡受到讚美，不管被讚美的是什麼事。

四、讚賞（Approval）

「孩子們哭著要這樣東西，大人願為它而死。」這是什麼東西呢？就是讚賞。

在商場上，讚賞和認可是關係密切且並存的。如果你稱許某人在某個專業領域的表現，被稱讚的人會表現得更好，以不辜負稱讚，並期望獲得更多的讚賞。特別是如果你想要公司的業績成長，適時地稱讚表現良好的員工，他就會更賣力。

讚賞他人的要訣在於精確地針對某事讚賞，而不是只說些泛泛之詞，而且要立即稱讚。例如不要說「你是個好員工。」「做得好！」這樣籠統的說法，而要說：「你的簡報做得很詳細很吸引人。」

表達讚賞的時機也很重要，如果員工在月初的表現令人刮目相看，你就得馬上讚許，而不要拖到月底才說，因為在月中員工很可能就已失去動力，到了月底很可能就表現欠佳了，而且非即時的讚賞所造成的影響也沒那麼大了。

在他人做了正面且有益的事時，你能立即給予讚美等於加深了這件好事的意義，而被讚美的人更會因受到激勵而加倍努力。尤有甚者，如果你當面稱讚，效果會更好。

肯．布蘭查在他的暢銷書《一分鐘經理人》中，就大力推薦經理人與主管要盡量「抓住員工做對事情的時機」。當我們在人前誇耀某人優異的表現時，通常他會覺得不好意思，但其實內心卻暗自高興，這將帶給他正面的力量，讓他在日後會更力求表現。

如果必須給予表現比較差的人一些意見，記得要私底下說，如果當眾斥責會傷害他人的自尊心，讓人不快或難堪。如果是一對一地告知，對方比較能夠平心靜氣聽進去，下次也許就會改善。也就是說，我們對人要「大聲稱讚，小聲責備」。

Exercise×練習

讚美就要大聲說出來

不要把所有事情視為理所當然，就會發現在你身邊，充滿許多值得你表達感激的人事物。而當你發現別人有值得讚美之處，卻因為害羞或不善於表達，只是看在眼裡、藏在心裡，對方是感受不到的。

現在，就挑選三個你信賴的人，真誠地讚美他們的特點及某些表現。

五、關注（Attention）

你要讓別人知道他很重要，並提升對方的自尊心的有用方法就是聆聽。受人喜愛尊重的人也絕對是絕佳的聽眾，他們會傾聽，而非只是一直滔滔不絕說著自己的想法，他們也會適時給予回應，提出問題，這樣的反應會使別人容易對他敞開心胸，當然他也能夠輕易就影響他人。

要有效聆聽，有以下四大關鍵。

●專心地聆聽而不要打斷

正視說話者的臉，表現出專注的神情，點頭、微笑、贊同，不要打斷對方的談話，也不要批評對方所說的話。

根據科學研究顯示，當一個人發覺對方正專注聽自己說話時，他的生理會出現可測量得出的變化，例如心跳加速，大腦也會分泌能讓人快樂的腦內啡，讓說話者自覺是個重要、有價值的人。

●在回應前先暫停一下

聽完對方說話後，不要急著馬上把心裡的話說出來，而是要稍稍停頓一下，再回應對方的話。

短暫的沉默有三個好處。第一，可以避免打斷對方的談話，有時候對方很可能只是暫停一下整理思緒，而非已經說完話。第二，短暫的暫停會讓對方覺得你正在消化他的談話，因為你很看重他的談話。第三，短暫的沉默能讓你沉澱，思考對方的談話內容。當我們專注傾聽別人說話時，他的話語已經進入我們的腦中，連細節也沒放過，如果我們急著說話，就會忽略這些細節。

●為了更清楚而提問

在人際關係中有個不成文的規則，那就是發問者通常可以掌控整個對話。千萬不要認為你完全了解對方所說的話，如果你心裡有任何疑問，一定要問清楚，在短暫的沉默後可以詢問對方：「你的意思是？」

●把別人說的話用你自己的語言表達出來

每個人內心深處都希望能夠被了解。要讓對方明白你理解他所說的話和意思，最清楚的表達方式，就是用你自己的語言來表達你已經收到他所要闡述的訊息了。

不過在說明自己的想法前不妨先說：「讓我先確定是否真正了解你所說的意思，從你剛剛的談話中我有個感覺，你似乎……」以這句話當開頭來確認自己有無誤解他的意思，同時也能讓對方感受到你確實有專心聽他說話。等對方回答：「對，我就是這個意思」之後，你就可以繼續把你要說的話說出來。

生命中最重要的人際關係——婚姻和親密關係

婚姻和親密關係是人生中最重要、起伏最大，也是最情緒化的一部分。和他人維持和諧快樂的親密關係的能力，是衡量一個人性格好壞與否的重要標準。我們人生的目標應該要包含「至少要和一人建立並維持良好的親密關係」。

經營高品質的幸福關係，擁有愛人的能力，才能享受健康快樂的人生。把建立幸福的親密關係設為人生目標，那麼你的自尊、自重、自信都會跟著成長，而你跟他人的人際關係也會跟著越來越好。因為我們的所有負面情緒都跟過去或者現在的某些人有些關連，如果我們變成一個正面、積極、樂觀的人，我們就會覺得被愛、受尊重，而這些感覺又會讓我們對自己更有信心更愛自己，如此成為一個善的循環。

在離婚案例中，許多人是因為從小生長環境的影響，而造成他們無法與人長久維繫婚姻關係。他們大多在自己的原生家庭中從未見過幸福快樂的婚姻，及至長大成人既不知如何建立、也無力維繫快樂長久的婚姻。其中不少人至少離婚過一次以上，有的人甚至超過三次。

在感情關係中，有六大因素會導致關係破裂，如果能夠克服這些障礙，那麼感情生活將會快樂平順許多。

這六項因素分別是：

一、**缺乏承諾**

幸福快樂的感情需要雙方百分之百地投入，衷心讓關係和諧。如果少了全心全意的奉獻，一旦壓力來襲就很容易分崩離析，感情生變。

缺乏承諾的婚姻基本上是肇因於恐懼。害怕失敗，害怕犯錯，害怕事後會後悔。而這個恐懼的源頭通常來自童年時期的不好經驗或錯誤教養，等到長大成人時讓他害怕全心付出，因而只投入能夠繼續維持的精力。

這樣的人也會要求和另一半簽署婚前協議書，免得日後離婚產生紛爭。但若在結婚之前就已經預設將來可能會離婚，這就落入了自我應驗的預言裡，而這樣的婚姻往往都會以離婚收場。

此外，缺乏全心投入則會讓對方缺乏安全感。在愛情關係中，總是有一方愛得比較多，一方愛得比較少。愛得比較多的人總是在兩人關係中不斷付出，希望感情可以修成正果，而愛得比較少的人則吝於付出，不願承諾，這又增加對方的不安全感和不滿足。在此情況下，持續付出的一方會不斷抱怨和要求，長此以往，兩人的關係會變得緊張、充滿壓力、爭執不斷。

缺乏全心投入的例證，就是妥協的婚姻與妥協的關係。妥協的關係就是雙方都同意為了讓關係繼續而勉強忍耐。有些雙方都在工作的配偶，會約定彼此依舊像單身一樣生活，他們的帳戶分開，每一筆花費都仔細記帳，生活也開銷平分。

二、嘗試要改變對方，或期待對方會為你而改變

在農夫之間流傳著一則諺語，「千萬不要嘗試教豬飛行，因為豬永遠學不會飛，而且這樣做還會惹怒豬。」在感情關係中也是類似的概念。若嘗試要改變一個人的個性和基本行為，就表示你不但不能無條件接受這個人，還嫌棄他原來的人格，反對他的個人價值觀，同時也傷害了他的自尊。本性難移，就算對方有心想為你改變，這樣也會讓他生活得很痛苦。

解決嘗試要改變另一半的做法無他，就是完全接受對方，愛他就愛他的全部，愛他原來的樣子，不管好的或壞的個性都全部接受。

我來說說我自己的例子。我跟我太太談戀愛不久後就開始同居。有一天，她要我告訴她，我對她有哪些地方不滿意，她可以改，因為她想要我們的關係可以長久，她想要我快樂。我想了一會兒後告訴她，我並不需要她為我改變，因為我愛她所有的全部，特別是她的個性和性格。

不過由於她過去的經驗，她覺得我不誠實，認為我一定沒說實話。終於有一天她想通了，她明白她的不安全感是因為在過去的感情中，她的一些人格特質老是被批評被貶低，現在她不需要再有這個感覺了，因為她遇到了一個可以全然接受她的人了。她終於相信我沒騙他。

這就是幸福婚姻所必須秉持的，無條件全然地接受彼此，沒有人是完美的，不需要期待或要求對方改變。

三、嫉妒

嫉妒背後產生的原因，是認為沒有人可以毫無保留地愛對方，這可以追溯到這個人在成長時期被嚴格要求和缺乏被關愛的經歷，讓他覺得自己不夠好，因而在成人後與別人比較時，總是覺得自卑而心生嫉妒。

善妒的人在感情關係中總是缺乏安全感，因為他覺得別人總有一天會發現自己是個性格有瑕疵的人而棄他遠去。

對治嫉妒的解藥就是懂得自尊與自愛。如果一個人懂得珍惜自己，就會越少花費心思在別人會讓我們羨慕或嫉妒的言行舉止上。因為我們會知道自己是夠好的人，也接受自己原來的樣子和價值觀，不必在意別人是怎麼想的。

四、自憐

自憐就某種程度來說，是一種不健康的「受害者心態」。會產生自憐的情緒，往往是因為在生活中存在著太多讓自己覺得可憐的情形，比如生活缺乏意義和目標、在工作或家庭中因為付出太多而失去自我……等。當一個人不斷強調和暗示自己多麼可憐、多麼悲慘時，他很有可能就真的變得很慘了。這在心理學上叫「自我應驗」也就是說你內心的想法創造了你認為的真相。

要從自憐的情緒中跳脫，就是讓自己忙一點，但不是瞎忙，而是做自己喜歡做的事，專注於自己的目標和計畫。（這點我會在下一章中詳述）找到自己存在的價值，就能告別玻璃心，進而將自憐自艾轉換成積極、具行動力的「自愛」行為。

自尊心的提升很明顯地可以從自我效能中感受到。自我效能就是指個人對自己具有充分能力可以完成某事的信念。當你對所做的事勝任有餘時，你對自我的評價也會跟著提高，會覺得自己是重要且是有價值的人，自憐也會消失無蹤。

五、負面期待

錯誤的期待在婚姻問題中屢見不鮮，而產生的原因可以追溯自童年時父母對你的錯誤期待，他們對你的表現總是不滿意，覺得你做得不夠好，在此情況下，你的潛意識也會不自覺地唱反調。

當你結婚後，你也會對另一半有所期待，你希望對方可以依照你的意願行事，你認為婚姻生活應該是如何，也希望對方可以做到，結果是，如果事情不如你願，你就會沮喪或大發雷霆，並要求對方改善以符合你的期待。

解決之道就是常常告訴伴侶他是最棒的人，他非常迷人。根據吸引力法則，如果我們對另一半總是抱持著「對方是最好的」的想法，我們就會努力達到對方的期待，也會吸引讓自己變得更好的正能量。

六、個性不合

「個性不合」應該是婚姻和感情關係中最普遍的分手理由了。任何感情在一開始，雙方都是因為彼此的某些共同點，或是心意相通，又或是被外表所吸引。

人們在二十出頭時是成長與變化最快速的時期，有些成年不久就結婚的年輕人，往往會發現自己在快三十歲時已經變成跟當初完全不一樣，他們不再像剛結婚時那樣充滿浪漫的幻想，那麼可以容忍對方，也不再像以前一樣覺得和對方有很多共同點。除了小孩是把兩人連結在一起的唯一因素之外，他們和另一半已經無話可說，彼此都生活在非常不快樂的婚姻當中。

要判斷一對夫妻或情侶是否已經無法再繼續相處，最明顯的指標就是他們能否再共同歡笑。在兩人關係中最先變質的事物就是笑容。

第二項會改變的則是交談。感情出問題的夫妻，生活中缺乏有意義的互動和連結，同住在一個屋簷下，談的都是柴米油鹽之雜事，內容已經失去了活力和新鮮感。

在親密關係中，如果兩人的個性不合已經非常嚴重，拒絕承認是無法解決問題的。無法相處的兩人如果勉強在一起，只會讓彼此身心承受巨大的壓力，接著便是毫無理由的生氣、吵架、咆哮每天上演。

在這種情況下，當然還是要盡其所能來改善狀況，找出彼此的共通點，再次喚醒當初互相吸引的心靈悸動。不過如果雙方的關係已經降到冰點，而且你已經徹底改變，不再是當初的那個你了，那麼一切就都回不去了。你只能承認彼此的關係已經變質，接受彼此無法繼續相處。但誰都不需要為此而產生罪惡感，就像天氣變壞和人會變老一樣，事情既然已經發生就無法改變了。

Exercise ×練習

你與另一半速配嗎？

如果我們與另一半能有共同的目標和價值觀，就會一起成長。想要了解自己和伴侶個性合不合，你可以自問：你和對方有什麼共同點？你們喜歡一起做什麼事？你們聊天時喜歡談論哪方面的內容？

如果你能回答的答案越多，就表示你們個性越合拍。

成功經營感情的六大關鍵

要營造成功的感情關係，有六個重要的關鍵。

一、彼此合適

我們通常跟和自己有著相同的興趣、價值觀與人生態度的人比較合得來。

衡量兩人是否適合有個指標可以參考，那就是看兩人如何打發閒暇時間。有共同的興趣在親密關係中是非常重要的一環，不管兩人在床笫之間多麼和諧，能夠有共同的興趣可以一起從事相同的活動更加重要，畢竟浪漫的時光只是一小部分，兩人在一起的生活，大部分的時間都是從事諸如看電影、烹飪、閱讀、度

史坦博士的心靈診療室

除了你之外，根本沒人在乎你離婚

有許多人擔心當自己婚姻破裂、離婚後，親朋好友會如何看待自己。我要大聲告訴大家：根本沒有人會在意這件事！

有個「99-1」的法則，是說人們通常花99%的精力在自己身上，而只花1%的時間精力在他人身上。如果你覺得你的婚姻或感情破裂會招來他人的非議，或親友的過多關切，那麼根據這個法則，是你想太多了，根本沒有人會關心你的生活，因為每個人的心思大部分都在自己身上。

假、運動、社交之類的活動。

我認識一對夫妻他們從高中時就談戀愛，二十出頭就結婚。先生喜歡下班後待在家裡看書、看電視、帶小孩，太太則喜歡跑夜店、跳舞、社交的生活，過得仍然像單身一樣的生活，他們的興趣大相逕庭，相處的時間自然而然少了，最後終至分道揚鑣。

還有另一個指標也可看出彼此是否合適，就是你跟對方在一起能否覺得放鬆自在，能否表達自己的想法而不必擔心對方會生氣不滿。

二、個性相吸

兩種截然不同個性的人特別容易互相吸引，例如外向的人會欣賞沉靜的人，而情緒化的人則會喜歡理性的人，兩種不同個性的人結合，可以互相彌補彼此的不足。

透過對話，我們可以測試兩個個性互補的人是否適合對方。人或多或少都需要交談和傾聽，有些人比較喜歡講話，而有些人比較傾向少說多聽，如果比較喜歡說話的人和比較喜歡聽人說話的人在一起，將會是很合適的一對。反之，如果兩人都是愛說話的人，沒人要傾聽，就達不到交談的目的，也無法溝通。

不過就算兩人個性是互補型的，有時也會有問題，例如愛說話的人如果整天說不停，那麼對另一人也會是折磨。

因此不管哪種類型的配偶在一起，彼此的個性在相處時是否能達到平衡才是最好的標準。不管是有人整天說不停的關係，或是長時間沉默無聲的關係，只要彼此在這種關係中覺得自在舒適，那麼就沒問題了。

三、完全投入

彼此完全投入的感情能夠激發雙方的潛能。所謂完全投入就是你會視對方的快樂幸福為自己最重要的事，彼此都致力於讓對方幸福。

四、真心喜歡對方

「喜歡」和「愛」是兩件不同的事，這裡所說的是指喜歡。有時候愛和激情將兩人拉在一起，但是不代表他們就不會吵架和意見相左，因此喜歡對方就顯得很重要了。兩個人在一起除了要有愛之外，還要真心喜歡對方，就像對好朋友的喜愛之情，才能讓兩人在爭吵之時不至於太過於激烈，因為我們總是能夠和最好的朋友言歸於好。

有不少人認為，當他們找到理想的伴侶時，也同時找到最要好的朋友。能跟另一半當好朋友的關係是最理想的伴侶關係。有些人會將這種情況以「靈魂伴侶」來形容，或者「今生最愛」。而我的定義則是：最好的朋友應該是可以全盤接受我的人，或許在相處過程中會有爭執吵架，但是喜歡和尊重一直存在彼此之間，這樣感情才能長久，關係才能維持。

五、擁有相同的態度和人生觀

這是最速配的伴侶關係。彼此的人生觀和價值觀一樣，就比較少會發生爭執，就算爭吵也不至於鬧到分道揚鑣的程度。一個樂觀的人和另一個開朗的人總是可以相處融洽快樂，而具負面特質的人和同樣悲觀的人在一起反而會覺得自在。

有些人抱持著「可以讓對方快樂」的想法而跟悲觀的人在一起，這是很大的錯誤，當他們在一起或結婚之後就會發現一個殘忍的事實，那就是：樂觀的人不但無法改變悲觀的人，讓他們變得積極開朗，反而還會被悲觀的人拖下水，生活變得愁雲慘霧，到最後發現彼此無法相處，個性不合，然後黯然分手。

六、溝通

有本書的書名叫《男人來自火星，女人來自金星》，這個有趣的書名恰好形容了男女之間在思考、感覺和溝通方面的巨大差異。

根據電腦斷層掃描顯示，男人在溝通時只用了大腦的兩個部位，而女人卻動用了七個，由此可見，女人在溝通時內心的活動比男人複雜太多。女人在說話的同時，也同步在思考、質疑、評估、揣想她們談論的對象和內容。特別是在親密關係中，女人更是如此。如果你問女人在想什麼，她們一定回答得非常詳細。

喜劇明星傑瑞．賽恩菲爾德就曾說過這樣的笑話：「女人常會想知道男人究竟在想什麼，答案是：男人不太想事情。」

根據研究顯示，男人和女人在看電視時，八〇％的男人大腦是停止運作的，而女人就不是這樣，她們在看電視時頭腦仍轉個不停，她們會邊看電視也會邊想事情。

在男女關係中也一樣。男人比較直接，而女人比較間接。所以在溝通時，女人就必須坦誠表達自己的想法，這樣男人才能理解。而男人在跟女人溝通時，則必須多些專注和傾聽，不要打斷女人的談話，急於表達自己的想法。

第七章
開始行動吧！——把夢想變成現實

成為贏家，無疑是人們最想獲得的特質。

——美國作家　拿破崙・希爾

現在你已經去除枷鎖，拿掉阻礙，接下來就是全力衝刺，讓你的人生過得更好。我們的思想造就了我們的人生，平日所為也都是心裡所想的體現。藉由全然掌控心智（這也是我們唯一能掌控的），我們可以改變人生方向。記住，我們永遠可以選擇哪些想法多一點，哪些要少一點。

最正面、樂觀開朗的人所想的事，和心情起伏不定、時好時壞的人所想的事，有很大的不同。

大部分的人都會被最近發生的事，或最近與之說過話的人所影響，心境常會因外在的人和事而改變。

大部分的人在成長過程中，也或多或少有過一些糟糕的經歷，及至成人之後變成了問題。如果不謹慎應對，我們會身陷在這些負面的問題裡，不斷地回想，在心裡重演這些往事，進而破壞我們的生活，侵蝕我們的心智。如果我們不學習放手，不讓這些事過去，就永遠無法前進。

所以我們要隨時想著，自己究竟想要什麼，不要讓昨天的遺憾破壞明天的夢想。

獲得偉大成就的七大關鍵

我們人生中有七大關鍵特質，培養這些特質才能發揮我們身體、大腦、心理、情緒上的能量，以達成我們的目標。

價值觀

價值觀是每個人判斷是非善惡的信念體系，它不但能引導我們追尋自己的理想，還決定一個人如何在生活中做出大大小小的各種選擇。在這個意義上，我們的任何行為，都展現了自身的價值觀。

快樂而有能力的人都具有非常清楚的價值觀。他們知道自己所相信的事物，也願意為自己所信仰的價值奮鬥。反之，那些不快樂、渾渾噩噩的人，則不知道自己的信念與理想。

現在，就從列出三至五個自己的價值觀或景仰的美德開始，將之運用在我們解決事情時的判別標準，以及日常行事的準則上。

古西方的哲學家從柏拉圖到亞里斯多德，都具有獨特而明顯的美德和價值觀，這些特質塑造了他們的個性，讓他們成為如今我們所知的偉人。他們具有的特質，包括正直、誠實、勇氣、堅持、慷慨、慈悲、愛心，以及跟家人朋友間真摯的情誼。

當然，還有許多其他的美德可以培養為我們的人格特質，但是上述的美德是最好，也是幾乎眾多偉人們所共同具有的。我們可以學習偉人們的優點，或者強化自己的優點，讓這些特質成為人生路途中的指引。

那麼，要如何看出一個人真正所信仰的價值為何呢？很簡單，就是看他的所作所為，特別是他身處壓力之下的行為舉止，以及在壓力之下被迫做出的決定。同樣地，想要了解一個人的個性，也可以觀察他在困境中與壓力下的行動。斯多噶學派的哲學家艾比克泰德曾說過：「環境不會塑造一個人，而只是揭露他原本的個性。」

然而，要如何培養一個美德成為我們真正永久的人格呢？答案依然簡單，就是：只要有需要時，就實踐這個美德。根據實踐法則，只要重複練習，這件事就會成為新的習慣，永遠跟著你。

例如，如果你想培養耐心，那麼每次遇到需要你展現耐心的時候，就訓練自己有沉得住氣。你想要培養勇氣，那麼每次需要你勇敢面對時，就不要害怕，堅強面對。你想要有正直誠實的人格，那麼需要你誠實的情況發生時，你就得說實話展現道德勇氣。

你仰慕哪種特質就去實踐那種特質，透過無數次的練習，那個特質就自然會成為你人格的一部分。

你的生活是內心世界的呈現，你的核心價值體現在你的生活之中。如果你的價值是清晰、堅定、正向且不妥協的，那麼這些價值會賦予你擁有堅毅愉悅的個性。具有清晰價值觀的人會給人正面的觀感，他握手的時候是有力的，目光接觸是直接的，連走路時都是沉穩堅定的。這就是你要努力達成的目標。

Exercise × 練習

培養後天特質

研究顯示，人格特質是可以改變的，就像胖瘦雖然是天生的，但透過後天的飲食控制，仍可以改變體重是一樣的道理。透過刻意發展的人格，就能將之內化成自己的「後天特質」。

現在，就寫下三至五個你最想擁有的人格特質，然後在每個特質下方寫出你要如何達成的實際行動，以及為何這些特質之於你是重要的。

視野

現在你已經清楚知道自己的價值觀，也知道你為何堅持不輕易妥協的標準了，接下來就是建構未來理想生活的視野，讓未來生活圍繞著你的價值觀，把這些美德具體化、極大化。

為了達成這個目標，你要列出未來五年的目標，把這些目標具象化，勾勒出在未來五年內你的完美生活。你將會做什麼？生活會是什麼樣子？你的工作、家庭和個人生活又會是怎樣？最重要的是，這個理想的未來生活和現在有什麼不一樣。

我在之前的章節中，曾提過描繪理想的未來生活藍圖一事。幸福的成功人士都擁有非常清晰的未來生活藍圖。你對未來的理想越清楚，就越能以自己所擁有的特質去追求，當你在做任何重要的決定時，這些特質與優點都會幫你更快達成目標。

Exercise×練習

把夢想具體化的「夢想板」

做個夢想板，把你想擁有的生活、事物和人的相關圖片剪下來貼在板子上。把這個夢想板掛在你可以常看到的地方，例如化妝台上、浴室鏡子旁、書桌上方等，並且每天都想像自己生活於其中，或成為你心目中偶像的感覺。

任務

你此生的使命是什麼？當充分運用你的性格、智能、能力、技巧後，你想要達到什麼成就？你想要帶給他人，尤其是家人什麼不同於以往的改變？

如果你不知道自己的人生任務，或者你想達成什麼成就，那麼試著寫一段將來在自己喪禮上的追悼詞，或刊登在報紙上的訃聞。在訃文裡你想讓別人知道你有什麼成就，你對他人做了什麼貢獻可以讓人懷念的。

如果越清楚知道你希望在你死後別人怎麼評價你，又懷念你哪些特質，你就越有可能變成那樣的人。你希望留下傳奇，那麼你就會創造傳奇。

Exercise×練習

撰寫自己的訃聞

你希望在你離開之後，大家會怎麼記得你呢？

現在，試著寫一篇自己的訃聞，文章裡描述自己想要變成的樣子，以及希望大家能夠記得你哪些事、哪些特質；然後思考如果要訃聞裡的自己成真的話，現在的你必須做些什麼才能實現。

目的

我們必須清楚知道自己活著的目的。每個人來到這世上都有目的，那麼你的是什麼呢？為什麼你每天早上必須起床？為什麼你會做現在這個工作？為什麼你會跟某人在一起，一起生養下一代？我們為什麼會做這些事，目的何在？我們又希望在哪裡結束生命？

根據一份在閱讀五百位名人傳記後所分析的報告指出，這些名人有個共同的特點，那就是他們在很小的時候就有一種「使命感」。他們相信自己之所以來到這世上，是為了做一些特別的事或完成獨特的使命，例如幫助他人或改善他人的命運。像是史懷哲醫生、泰瑞莎修女、邱吉爾首相、雷根總統，或者教宗約翰保羅四世，世人皆相信他們的才能和天賦都是屬於全人的。

為了讓你的成就和生命更有意義，你必須有目的——一個活著的目的，讓你能更聚焦、更專注，更有方向，而且你要不斷告訴自己：「我可以做到的事、可以成為的人是無設限的。我要找到生命的目標和意義。」

目標

在生活中的每個範疇，你都必須有個明確的方向和計畫。聽過這種說法嗎：「成功就是目標，而其他的事都只是註解。」

要充分發揮潛能，你必須有個能確切描述的目標，且每天都要朝這個目標努力前進。如果沒有清楚的目標，那只會原地打轉，即使經過數年的努力，進展還是有限。

十九世紀英國著名的文學家和歷史學家湯瑪斯・卡萊爾（Thomas Carlyle）曾說過：「沒有目標的人就像沒有舵的船，即使在最平靜的海也行駛不遠。而有目標的人就像擁有舵、航海圖、羅盤的水手一樣，即使在最波濤洶湧的海浪中依然可以到達目的地。」

每一天我們都要排除萬難朝目標前進。每天早上醒來，先想想今天你可以做哪些事讓你更接近目標，即使是一點小事也好，一天做一點，一週七天，一年三百六十五天不懈怠地努力，那麼累積起來的成績會是非常可觀的。

千萬不可小看每天的一點小作為。一天一點的努力，你就會觸發「動量原理」

的魔力。根據動量原理，假設某個目標必須要十單位的動能才能到達，但是只要一個動能就能開始推動，所以只要你一開始強迫自己朝目標移動，你就已經打破把你綁在原地的束縛，你的能量開始釋放出來，推動你持續前進。

優先順序

我們總是覺得有太多的待辦事情，而時間又太少。不管你多麼會利用時間，或是工作能力有多強，總還是會覺得時間不夠用。因此，你必須清楚事情的輕重緩急，比如哪些是重要的事、哪些是對你有價值的事等，以決定處理的優先順序。

你無法控制時間，只能掌控自己並善用時間，因此時間管理就是自我管理和自己利用時間的方式，能夠有效管理時間就能創造成功的人生。而時間管理的精髓在於決定處理事情的先後順序，哪些事要先做，哪些事後做，哪些事根本不用做。

行動

一旦你清楚自己的價值、任務、目標和優先順序，接下來就必須具備意志力和自制力，朝自己的目標及夢想努力。

本書說明了自尊心在成功、幸福、快樂的情緒中有著多麼重要的地位，而自尊的核心驅動力就是自我效能。高度自我效能的人，能夠增進個人與整體的利益，將困難的任務當作磨練和機會，而非視為應該避免的威脅，低度自我效能的人在面對困難的任務時，則會先懷疑自己的能力。

自尊和自我效能彼此相輔相成。一個愛自己的人具有高度的自我效能，對自己的能力也會有信心，而當你完成人生中重要的事情越多，你會越愛自己。

設定與完成目標的七步驟

現在我要介紹一個七步驟的目標達成術，在日後的生活中隨時運用這個方法，將對你達成目標有非常大的助益。

步驟一、把你想要達成的目標，清楚明確地寫在一張紙上。

根據調查顯示，把目標寫下來的人，達成目標的比例是那些沒寫下來的人的十倍。

步驟二、給目標設定一個達成的時間。

如果是像經濟獨立這種大目標，預計完成的時間可以是十年或者二十年。在這年限內可以分別以月或年為期限設定小目標，先完成這些小目標，能夠為將來達成大目標累積動能。

只要目標越清楚，你想要達成的慾望就會越強烈。一旦你對自己可以達成的目標越有信心，將越快啟動心智功能來幫助自己實現理想。當這些東風都具備後，你將會對自己快速前進的步伐大吃一驚。

步驟三、找出在達成目標的過程中，你將會面對的問題、必須克服的困難和排除的障礙。

把在種種困難中你面臨最大的那個障礙寫下來，不時看著這個大問題，然後想出克服的辦法。也就是說，先集中所有的精力解決這個大問題，再來應付其他的小麻煩。

注意：上面我所說的關鍵字是「大」，大問題大麻煩的「大」。如果你的問題不夠大，不足為道，或者都是些小麻煩，那麼就表示你給自己設定的目標太小，野心太小，甚至不夠格成為目標，充其量只是個「行動」而已。例如，每天通勤到公司上班不算是目標；但增加收入、建立成功的事業、達到經濟獨立、減重成功等等都可以成為目標，因為這些目標都必須付出努力、決心和堅持，且不保證一定能達成。重點在於，你必須接受挑戰，在成功克服挑戰之後，便可以往勝利終點邁進一大步。

步驟四、學習可以幫助你達到目標的額外技能和知識。

現在你之所以還在為達到目標而努力，就表示你的能力還不夠，否則你早就達到目標了。所以必須找出你還需要學習哪些技能、知識、能力，然後逐一去上課學習。

步驟五、找出能夠幫你實現目標的個人、群組、機構。

每個人的大目標都需要他人協助，沒有人能夠獨自完成一個大目標。

當你發現別人的協助，對你會產生很大的助益時，要問問自己，他們幫助你有什麼好處？人都是自私為己的，如果他們做的事對自己沒有任何益處，那麼何必做呢？所以要當個「付出者」，而不是只拿取不給予的「接受者」。在你往目標邁進的路途中，如果能幫助別人達成他們的目標，對方也會反過來幫助你。創造互利的狀況，是建立社群和人際關係的關鍵。

步驟六、綜合上述五個步驟中所提到必須執行的項目，制訂一個計畫，並把它寫下來。

所謂的計畫必須包含執行的要素，第一就是列出所有必須付諸行動的事，做個清單。第二就是排定優先順序，用80／20原則列出哪些是重要的，哪些是比較不重要的。先做那些可以創造八〇%成果的二〇%事情，然後再做其他的事。

步驟七、開始行動。

最後一步是最重要的步驟。一旦你的目標確定，計畫也擬定好了，就要馬上開始實踐，如果不付諸行動，所有的計畫都只是枉然。越快實踐就能盡速把所有資源都匯集到自己身上，當然也就能越快達成目標。

這是兩極化的處境，如果你能立即行動，那麼達成的機率就很高，反之，就很可能永無達成之日，因為拖延只是反映出內心深處對於目標不熱中的心態。

（有興趣知道更多計畫擬定建議，可以到我們的網站搜尋免費資訊：www.briantracy.com）

以績效為基礎的自尊

以績效為基礎的自尊，意思是唯有當你在內心深處知道你現在做的是你擅長的事，而且也明白自己其實是有能力完成對你重要的目標時，你才會自愛、自重。

對那些從沒設定或完成重大目標的人來說，總是會缺乏自信及安全感，懷疑自己的能力，對失敗和被拒絕心懷恐懼，所以就打安全牌，為自己設定比較容易達成的目標。

然而，對於那些曾經設定或完成一個以上大目標的人來說，他們對自己充滿了信心，也對目標充滿熱誠。新的挑戰提升了他們的自尊心，增加他們的勇氣和信心，推動他們往更遠大的目標前進。

從成功中學習

或許你可以這麼想：回想你在過往的經歷中非常努力所完成的事，是不是當你經過千辛萬苦終於完成一件事後，會感覺自己非常厲害，也變得更有自信，更能掌控自己。

當你達到目標後，成功本身並不是重點，重要的是你在過程中學到什麼，你變成什麼樣的人，還有在達成目標的過程中，你培養了哪些特質。為了完成你之前從未完成過的事，你必須變成不一樣的人，你必須反覆進行以前從未做過的事，一直到你轉變成全新的人。也就是說，為了完成你所堅持的目標，你必須重新塑造更高層的人格，養成新的個性。

高手也曾經是新手

一個具生產力和效率的人，都會期許自己能臻於完美。他們希望自己所做的事都是優秀的，所完成的工作都是品質最好的，他們永遠都不滿足於現狀，隨時都想要超越自己。

以我來說，在我二十幾歲時，曾經有段時間失業。我渴望能有所成就，不論是藉由什麼事都可以。後來我找到一個純抽佣金制的業務工作，從早到晚都在外面挨家挨戶敲門推銷。有天公司的頂尖業務員告訴我：「你知道嗎？如果你想在這行賺大錢，就必須讓自己成為這行前二〇％的頂尖人才。」

聽完他說的話後，剛開始我覺得很沮喪，因為我那時根本毫無專長，也沒做成什麼大事，我從高中休學後就一直做著靠勞力的工作。這個上門銷售的工作，我本來就有點掙扎到底要不要做，現在又有人告訴我如果想賺大錢就得躋身頂尖才有實現的可能，這讓我更退縮了。

不過後來我學到了改變我一生的事：不管在哪個行業，所有頂尖二〇％的人都是從底層那二〇％裡開始往上爬的，現在很厲害的人都曾經是菜鳥，如今站在前排的人也都是從後排開始往前進的。

現在在你行業裡前二〇％的高手也都曾是新手，或者在入行前從未聽聞過他現今所從事的這個領域。如果在你的同行裡有人比你厲害，那就表示他們擁有且熟練某些必備的技巧是你所欠缺的，而你會的技術其他數十萬人也都會。

沒有學不會的技術

「沒有什麼技術是學不會的。」這個事實改變了我的命運。當我發現所有的商業技巧都是可以學習的，這讓我大為震驚。舉凡所有的專業技術、職業技巧、所有的賺錢方法，還有閱讀、寫作、算術等，都是可以經由後天學習的。

數十萬甚至數百萬人都會的事情，你當然也可以學得會，所以沒有人比你聰明，也沒有人比你厲害。

發現這個真相真是完全改變了我的人生。從那刻開始，我成為精進個人潛能和職業才能方面最勤勉的學生了。我閱讀所有能改進自己表現的書籍和文章，當我走路或開車時都同時聽語音課程，我還去參加每個對我有幫助的研討會和工作坊。後來為了可以更快達到我的目標，我還去上了幾千個小時的大學課程，以增進我的知識和技巧。

個人發展的神奇魔力

個人發展改變了我的生活，它讓我變成一個截然不同的人。我曾經在超過八十個國家和數十萬人共事過，這些人也和我有同樣的想法。他們幾乎都是從一無所有而逐漸發跡的，他們認真工作，全力投注在發展個人的潛力和能力上，以達到他們想達成的目標，所以這些在全世界各地的人都能做到的事，沒有道理你做不到。

個人發展在你追尋更卓越的自我路途上還會產生一件更棒的事，那就是每當你學會一項能幫助你向上提升的才華時，你的自尊也會隨之增加。你將對生活感到更滿意，對自己感覺更能掌控，覺得自己變強大了，也能更自重自愛。而這些並不是達到終極目標的犒賞，而是在你每往前邁一大步時就會伴隨產生的神奇魔力。

要做就做到最好

達成目標會改變你的個性，成為你所從事行業的頂尖高手也會改變你的個性。只有當你確知自己對目前所做的事很在行時，你才可能對高度自尊和高度自信感到自在。當你處在這種狀態時，沒有人可以剝奪你的感覺。林肯就曾說過：「人唯一可以擁有的安全感，就是具備可以把事情做到最好的能力。」

那麼，現在該輪到你問問自己，你具備什麼高超的技巧，可以幫你在職業生涯中推動你往前邁進？

強化你的弱項

在人生各種重要技巧中，你最不擅長的那個，反而決定了你所能達到的成功、成就和收入的高度。也就是說，如果你在某個重要技巧上表現得很差，那麼你的成就也會受限。

強化你最弱的一環所帶來的推進力道，遠遠勝過其他努力。我的學生們的改變就是最好的例證。他們因為盡最大努力不斷改善、強化自己最弱的技巧，而讓收入在短短的幾個月內雙倍或三倍增加。

逐步行動

一旦你找出那個可以幫助你成功的最重要技巧時，寫下針對這個目標的積極宣言，例如：「在××領域我絕對是佼佼者。」並設定目標達成的日期，找出你必須克服的障礙、對你有幫助的人，還有每天你必須採取的行動。把這些事依據重要性排出先後順序，做成一張清單，然後開始執行。每天都要行動，直到你已經非常熟練這個技巧。

堅持以「結果」為導向

各行各業的成功人士除了具備目標導向、傑出導向外，他們還會堅持以結果為導向。在職場上，結果就是一切。結果不僅決定了成功與進步，也定義你的付出多寡和決定你晉升的速度。

不管在哪個行業，把時間花在最重要的二〇％的工作上（就是那些對達成目標具有決定性影響的工作），所獲得的成效通常是其他人的五到十倍，就算這些人的知識、教育、技巧程度都比一般人高，結果也是如此。

注意你的貢獻

把焦點放在結果及你做出的貢獻的最大好處是，這將有助於增強你的自尊和自信。也就是說，你覺得自己在工作或生活上所做出的貢獻和成果越大，你對自己的尊重和信心也會與之成正比，你會越快樂，圍繞在你身邊的人也越多，你也會覺得自己可以掌控人生和未來，而這個感覺就會讓你生活得更快樂。這是個善的循環。

提高工作效率

為了達到更多更好的成果，下面幾個問題是你每天都必須問自己的。

一、**我為什麼能拿這個薪水？**

公司雇用我做什麼事？他們為什麼請我來做這個工作？公司期待我達到什麼樣的成果？

二、**在我的工作裡，哪些事具有最高的附加價值？**

對公司來說，我做哪些事情的價值比較高？

三、**我的關鍵成果是哪些？**

列舉在你的工作中，非由你來執行不可的五到七個原因。在這些原因裡，哪些是自己的強項與弱項，哪些又是還需要加強的知識或技巧？

四、哪些事是如果我（且只有我）做得好的話，就可以大大增進或改善公司和我個人的狀況？

這件事只有你可以做，別人無法取代。如果你好好做可以改變你的工作和個人生活，那麼這件事會是什麼？

五、目前我最能善用時間的方式是什麼？

找出自己在利用時間的方法中，哪些是最有價值、能創造最高效率的。這也是在時間管理的練習中最重要的步驟。

正向人格的七大關鍵

心智健康和身體健康一樣，都可以透過訓練和練習，培養更強烈的自尊和正面的心智態度。以下就介紹七個可以增進正向人格的訣竅。

一、正向的自我對話

控制自己的內心對話，對自己說些正面的話，用堅定且正向的第一人稱現在式句子。例如：「我喜歡我自己！」「我做得到！」「我覺得很棒！」「我是負責任的人！」

每日的內心對話會左右我們的情緒。遺憾的是，如果我們不有意識地把內心對話設定為正面積極的，那麼我們將會自動想到那些不快樂或是令人擔憂焦慮的事，這是我們大腦天生的設定，是為了讓我們得以生存下去的機制。

我們的心靈就像是一座花園，會開出美麗的花朵，也會長出雜草，如果你不去種花並精心照料，那麼雜草（也就是負面思想）就會不請自來地長滿整個花園。

二、正面的想像

把我們的目標具象化，想像已經實現的景象，能使我們產生前進的力量。

勾勒出你的目標、你理想生活的明確畫面，然後牢牢記住這個畫面，我們生活中的進步，都是從腦中這個願景藍圖開始的。在你內心看到的自己，就是現在與將來的你。

三、**正面的人**

和你一起生活、工作，以及你所往來的人，對你的情緒和將來成功與否有決定性的影響。

所以，我們要和贏家交往，也要和正面、樂觀、積極及清楚知道自己目標的人交往，並盡量遠離那些消極負面的人。

四、**正向的精神糧食**

正如你吃健康有營養的食物，就會擁有健康的身體，如果你餵養自己心智的是「心靈蛋白質」而不是心靈垃圾，那麼你也會有著健康的心智。

你應該多閱讀具教育性、啟發性或勵志性的雜誌書籍，可以提升你的快樂指數，也會讓你更有自信。

在車上利用收音機，或是隨時利用手機聽聽正面、有益的語音資料或節目，可以協助我們更進步，讓我們在專業領域更有能力，也更具競爭力。

五、正面的培訓和發展

我們每個人剛起步時都欠缺資源，也沒有錢，幾乎一切都是從零開始的。事實上，不管我們從事哪一行，或多或少都是在販售我們個人的服務，付出我們的才能、時間來換取金錢或職位。現在爬到頂尖位置的人，當初也是從基層開始做起的。

透過終身學習與個人的努力精進，能讓我們從一無所有逐步晉升至富足豐盈，從一事無成終至成功與經濟獨立。一旦我們下定決心開始學習成長時，便會逐漸改變我們的想法、能力和行動，而這些改變、成長能讓我們更有自信，更能掌控自己，加速我們朝更廣闊更美好的人生前進。

六、正面的健康習慣

把自己的身體照顧好，讓你的身體到八、九十歲甚至一百歲，都還可以到舞廳跳舞。

你要吃健康、優質的食物，並注意營養均衡，良好的飲食習慣對身心靈都具有正面能量與立即性的效果。

規律的運動也非常重要，每週至少要有兩百分鐘的運動，不論是走路、慢跑、游泳、騎單車，或是利用健身房器材健身都可以，只要「動」都有效。

還有充分的休息和放鬆。尤其是遭逢困難和壓力時，更需要適時地充電。就像知名美國足球總教練文斯・隆巴迪（Vince Lombardi）曾說過的：「疲倦會讓我們畏縮不前。」

七、正向的期待

凡事抱持希望，是對我們成為正向積極的人非常有用的技巧，不只如此，還能保證讓我們在人生中獲取正面的成果。

我們的期待會成為自我應驗。不管我們期待什麼，只要滿懷信心，到最後都會成真。既然我們的期待都會成真，那麼為什麼我們不懷抱最好的夢想呢？做事就要期待功成名就，做人就要期待成為受歡迎的人，自許能達到偉大的目標，創造美好的人生。只要持續期待好事發生，懷抱正面希望，你就不會失望。

結語

跟你有關的七個真相

人生，就是成為真正的自己，以及成為我們有能力成為的人。

——蘇格蘭小說家、詩人與旅遊作家
羅伯特．路易斯．史蒂文生（Robert Louis Stevenson）

不管你現在是什麼樣的人，或是過去曾達成什麼目標，又或者根本一事無成，有七個關於「你之所以為人」的重要事實，你必須知道。

一、**你是個優秀的人**。

你很珍貴也很重要，沒有人比你更厲害、更聰明。你跟其他你所認識的人一樣優秀，甚至更棒。

二、你在很多方面都很重要。

當然，你對你自己來說就很重要，你的整個世界都是圍繞著你運轉，你在你的個人世界裡是最重要的人物。你為所見所聞的所有事物賦予意義。在你的世界中，唯有你曾為之付出的事，對你而言才有特別的意義。

對你父母來說，你也是重要的，你的出生帶給他們無可言喻的重要性，也帶給他們生活中巨大的改變，至今都未曾改變。從小到大不管你做了什麼，對他們來說都意義非凡。

在私人領域，你對你的家庭、配偶及你的小孩來說，都是重要且無可取代的。在工作上，對你的公司、同事、客戶與身處的團體來說，你也是獨一無二的。你所說所做的事對這些人都有莫大的影響。

你認為自己有多重要，決定了你人生的品質。成功、快樂的人之所以會覺得自己很重要、有價值，正是因為他們對自己有這樣的感覺，因此也會採取積極的行動，於是他們就真的變成重要的人了。

不快樂的人會覺得自己沒價值、不重要、一無是處，所以他們會抱怨這個世界，做出傷害自己也傷害別人的事。

三、**你有無限的潛能**。

你一定有能力獲得你想要的生活與渴望的世界。你擁有的潛能就算你活一百次都用不完。

無論目前你獲得什麼成就，可能都只發揮你潛能的一小部分而已，所以，越開發自己的潛能，你未來發展的空間就會越大。

四、**你的信念打造了自己的世界**。

你的信念成就了現實。你所深信的每一件事，都是從孩提時代就開始學習累積到現在的；然而，讓你不快樂、影響你成功的負面信念，大部分都不是事實。

五、你永遠有選擇的自由。

你可以控制自己的思考、人生的方向和內心的活動。你可以決定擁有快樂、滿足、令人振奮的想法，讓這些正向的思考引導出積極的行動，又或者，你可以如人類的天性使然，選擇自我設限的想法，把自己困在原地。這都是一念之間選擇的問題。

就像之前我提過的，你的心靈就像是一座花園，你要讓它雜草叢生還是花團錦簇，也都是你的決定和選擇。這個簡單的比喻充分解釋人生中大部分的不幸，因為人們沒有在自己的心靈花園栽種正面、快樂、積極的花朵，又或者種得不夠多。

六、你活在這世上有偉大的使命。

你的天賦、才能、靈感、內心想法、經驗在互相融合後，成就了現在獨一無二的你，而上天賦予每個人獨特性，就是為了讓我們創造非凡。你是否能接受上述的觀念，決定了你的野心高低程度和你的人生方向。

七、你能做到、成為和擁有什麼都是沒有限制的。

除非你為自己劃地自限，否則沒有任何人與事可以限制你。人類最大的敵人往往就是自我設限的信念，但這些信念都不是真的，只是久而久之你已經習慣它們的存在，而且也不再對此提出質疑。

記住：你從哪裡來一點都不重要，重要的是你要往何處去。

現在就下定決心吧！你將釋放自己的全部潛能，讓你內心深藏的優秀才能發揮出來，成為出色的人，並完成生命所賦予你的任務。

總結

你是既重要又優秀的人。

你之所以出生就是為了成就偉大的任務。

你的潛能多到十輩子都用不完。

如果你有足夠的耐心與毅力，也夠努力，那麼沒有你達不到的事。

當你學會跳出思維的局限，原諒那些曾經傷害過你的人，致力在人際關係與工作中成為卓越的人，那麼你就能掌控自己的命運，也讓自己走在健康、快樂，充滿愛與富足的光明大道上。

記住，沒有任何人也沒有任何事可以限制你，一切都是零極限！

DHH 0319

你相信，所以你成功：全球頂尖的成功學大師教你克服懷疑，重塑人生，釋放潛能

作　者—博恩．崔西、克莉絲蒂娜．史坦 博士
譯　者—汪春沂
副 主 編—郭香君
責任企劃—張瑋之
封面設計—陳文德
編輯總監—蘇清霖
董 事 長—趙政岷
出 版 者—時報文化出版企業股份有限公司
108019台北市和平西路三段二四〇號四樓
發行專線—（〇二）二三〇六—六八四二
讀者服務專線—〇八〇〇—二三一—七〇五
（〇二）二三〇四—七一〇三
讀者服務傳真—（〇二）二三〇四—六八五八
郵撥—一九三四四七二四時報文化出版公司
信箱—10899臺北華江橋郵局第九九信箱
時報悅讀網—http://www.readingtimes.com.tw
綠活線臉書—https://www.facebook.com/readingtimesgreenlife
法律顧問—理律法律事務所　陳長文律師、李念祖律師
印　刷—勁達印刷有限公司
初版一刷—二〇一九年十一月二十二日
初版四刷—二〇二一年十二月一日
定　價—新台幣三六〇元

時報文化出版公司成立於一九七五年，
並於一九九九年股票上櫃公開發行，於二〇〇八年脫離中時集團非屬旺中，
以「尊重智慧與創意的文化事業」為信念。

你相信，所以你成功：全球頂尖的成功學大師教你克服懷疑，重塑人生，釋放潛能／博恩．崔西（Brian Tracy），克莉絲蒂娜．史坦（Christina Stein）著；汪春沂譯. -- 初版. -- 臺北市：時報文化，2019.11
面；　公分
譯自：Believe it to achieve it : overcome your doubts, let go of the past, and unlock your full potential
ISBN 978-957-13-7987-6（平裝）

1.成功法　2.自我實現

177.2　　108016591

ISBN 978-957-13-7987-6
Printed in Taiwan